L'abbé Boullan

DU MÊME AUTEUR

JOANNY BRICAUD

L'abbé Boullan

(Docteur Johannès de LA-BAS)

SA VIE,
SA DOCTRINE ET SES PRATIQUES MAGIQUES

PARIS

LIBRAIRIE GÉNÉRALE DES SCIENCES OCCULTES
CHACORNAC FRÈRES
11. Quai Saint-Michel, 11 (Vᵉ)

—

1927

AVANT-PROPOS

———

Le personnage dont je vais raconter la vie étrange et tourmentée a été présenté sous deux aspects absolument opposés.

Tous les lecteurs du célèbre roman de J.-K. Huysmans : Là-Bas, se souviennent de l'extraordinaire « docteur Johannès », qui vivait très retiré, à Lyon, attendant la prochaine venue du Paraclet, qu'il annonçait, et occupait ses loisirs à guérir les malades atteints par les maléfices.

« C'est un très intelligent et très savant prêtre. Il a été supérieur de communauté et il a dirigé, à Paris même, la seule revue qui ait jamais été mystique. Il fut aussi un théologien consulté, un maître reconnu de la jurisprudence divine ». Ainsi s'exprime Huysmans.

Parmi les occultistes, Stanislas de Guaita tient un tout autre langage. Dans un chapitre du Temple de Satan, *il traite tout au long des doctrines bizarres d'un sorcier moderne qu'il désigne sous le nom de Jean-Baptiste, « Pontife d'infamie, basse idole de la Sodome mystique, goétien de la pire espèce, homme misérable et criminel, sorcier et fauteur d'une secte immonde »*

Un homme qui suscite ainsi des jugements aussi contradictoires mérite qu'on arrête quelque peu sur lui son attention, qu'on examine de près sa vie et ses idées.

Ce « très savant prêtre », selon Huysmans ; ce « Pontife d'infamie », selon Stanislas de Guaita, s'appelait de son véritable nom l'abbé Boullan.

Ayant eu l'occasion de l'approcher au cours de ma carrière d'occultiste, ayant beaucoup connu des personnes qui vécurent dans son intimité ; possesseur enfin de nombreux documents sur son compte, puisés dans les archives du Carmel d'Eugène Vintras, auquel il prétendait indûment se rattacher, je m'efforcerai, dans les pages qui vont suivre, de présenter cet étrange personnage, et de fixer d'une manière aussi exacte que possible la curieuse physionomie de ce prêtre, à la fois mystique et magicien, qui suscita vers la fin du XIXe siècle des duels et des polémiques dont l'écho n'est pas encore complètement éteint.

L'ABBÉ BOULLAN

CHAPITRE PREMIER

L'abbé Boullan, prêtre romain.

Joseph-Antoine Boullan est né le 18 février 1824, à Saint-Porquier, petite ville du Tarn-et-Garonne. Il était fils de Barthélemy Boullan et de Marie Dumini. Sa mère était, dit-on, d'origine italienne.

Nous ne savons rien de particulier concernant sa jeunesse. Se destinant à la carrière ecclésiastique il fut, au sortir du petit séminaire, envoyé à Rome pour y faire ses études théologiques. Il y passa brillamment son doctorat en théologie.

Peu après, il entra dans la Congrégation des missionnaires du Précieux-Sang, fondée en août 1815, à Giano, en Italie, par le vénérable Gaspard del Buffalo. Il fut envoyé, vers la fin de l'année 1850, dans la maison Saint-Paul, que la Congrégation venait d'établir à Albano. Il y resta une partie de l'année 1851, au cours de laquelle il prit part à plusieurs missions en Italie.

Selon l'usage adopté alors par les missionnaires du Précieux-Sang, le Directeur de la Mission, après avoir prêché aux fidèles la nécessité de la pénitence, annonçait, à la fin de la prédication, que, pour donner l'exemple, les missionnaires allaient faire eux-mêmes pénitence pour le peuple. Une procession était organisée, et, à la vue de tout le peuple, les missionnaires, armés d'une pesante discipline de fer, se frappaient sur les épaules, avec parfois un tel excès, qu'ils étaient sur le point de succomber.

Plus tard, l'abbé Boullan ne parlait jamais sans émotion de ces flagellations sanglantes, auxquelles il avait pris part, pendant lesquelles, disait-il, il était près de rendre l'âme, et qu'il fallait néanmoins recommencer à plusieurs reprises, car c'était au milieu d'une procession.

Il assurait, d'ailleurs, qu'il avait bien souvent vu la mission rester infructueuse jusqu'au jour où les missionnaires, au cours d'une procession solennelle pratiquaient la flagellation.

De retour en France, vers la fin de 1851, nous le trouvons, en 1853, missionnaire de la Congrégation du Précieux-Sang, aux Trois-Épis, en Alsace.

Dès cette époque, il s'intéressait particulièrement aux études mystiques, et, en novembre 1853, il faisait paraître une traduction de la *Vie divine de la Sainte-Vierge*, du Père Bonaventure Amedeo de Cœsare, extraite de la *Cité Mystique* de Marie d'Agreda (1).

(1) *Vie divine de la Très Sainte Vierge Marie*, ou Abrégé de la Cité Mystique, d'après Marie de Jésus d'Agreda ; par le

Cet ouvrage lui valut dès son apparition de très vives tribulations de la part de hautes personnalités ecclésiastiques, qui cherchaient à discréditer ce livre et allèrent, pour en arrêter la diffusion parmi les fidèles, jusqu'à en défendre la lecture, le prétendant nuisible au salut des âmes. Il fallut l'intervention du chargé d'affaires du Saint-Siège en France pour faire cesser cette opposition.

Le but poursuivi par l'abbé Boullan, en publiant cet ouvrage, était, ainsi qu'il l'explique lui-même dans l'importante *Notice sur les Œuvres de la Vénérable Marie de Jésus d'Agreda*, placée en tête de son livre, d'appeler l'attention des prêtres et les engager à étudier les merveilles de la Mystique chrétienne « en face des phénomènes du Magnétisme et du Néo-Spiritualisme qui fait irruption dans le Monde ».

« Il y a, écrivait-il, des dons divins et surnaturels si merveilleux que, si toute l'autorité des saints docteurs et celle de l'Eglise ne les affirmaient absolument, on se sentirait porté à les révoquer en doute. Mais le doute n'est permis qu'à *l'ignorance et à la mauvaise foi*, et l'une et l'autre ne justifient pas l'homme au tribunal de la conscience, ni dès lors au tribunal de Dieu.

« Le Dieu des miséricordes accorde à des âmes

P. BONAVENTURE DE CÆSARE, M. C. consulteur, de la Sacrée congrégation romaine de l'Index ; traduite et augmentée d'une *Notice* par l'abbé Joseph-Antoine Boullan, docteur en théologie. Paris, Lecoffre, éditeur, 1854. Une seconde édition est parue en 1858.

le privilège connu sous le nom de *paroles claires,
distinctes et formelles*, ou *locutions surnaturelles* :
c'est-à-dire que Dieu consent à parler à une personne, soit directement, soit immédiatement, comme
il arrive en certains cas ; soit par le ministère des
anges, comme il est plus ordinaire. D'autres fois,
c'est Notre-Seigneur, c'est l'auguste Mère de
Dieu, et même, dans des circonstances plus rares,
les saints, qui consentent à parler à des âmes
élevées à un état particulier de contemplation ».

Après avoir fait remarquer que ceux qui en-
tendent ces paroles surnaturelles et célestes
voient parfois les personnages qui les prononcent
sous des formes corporelles, l'abbé Boullan ajoutait : « Le peu de choses que nous avons dit suf-
fira pour appeler l'attention des prêtres et les
engager à étudier à fond ces merveilles de la
grâce. En face des phénomènes du magnétisme
et du néo-spiritualisme qui fait irruption dans le
monde, ils comprendront mieux la vérité et
l'erreur. et ils discerneront clairement le piège
que l'ennemi dès le commencement, l'ange des
ténèbres, s'efforce de tendre aux hommes, en les
entraînant, ou dans la négation de ce qui est surnaturel, ou dans les grossières tromperies où il
amène les malheureux adeptes de ses ténébreuses
doctrines (1) ».

On voit ainsi clairement le but que poursuivait
l'abbé Boullan : opposer aux phénomènes du ma-

(1) Notice, pp. 19 et 20.

gnétisme et du spiritisme ceux de la Mystique chrétienne.

En même temps que la *Vie divine de la Très Sainte Vierge Marie* paraissait, toujours d'après la *Cité Mystique* de Marie d'Agréda, la *Vie admirable du glorieux patriarche Saint - Joseph, suivie de la Vie de la Vénérable Mère Marie de Jésus d'Agréda* (1).

Dans le courant de l'année 1854, l'abbé Boullant fit un assez long séjour à Paris. Il habitait une petite chambre dépendante du Monastère des religieuses de l'Adoration réparatrice, qui était alors établi, 12, rue des Ursulines. La fondatrice de la Congrégation, Mère Marie-Thérèse l'avait mandé pour l'entretenir de ses projets de fondation d'une branche de religieux de l'Adoration réparatrice. Malgré tous les efforts de Mère Marie-Thérèse, il ne fut pas donné suite à ses projets.

L'abbé Boullan était devenu supérieur de la maison des Trois-Epis quand il publia , en 1855, traduit de l'italien, l'ouvrage de Dom Luigi Navarro, intitulé : *Explications des Saintes Ecritures, par une servante de Dieu* (Sœur Marie-Louise, de Naples), contenant l'*Apocalypse de l'apôtre saint Jean, avec le texte sacré de la Vulgate et la version française* (2).

(1) *Vie admirable du glorieux patriarche saint Joseph*, d'après la *Cité Mystique* avec une introduction des sentiments de M. Olier sur la dévotion à saint Joseph, et en appendice la *Vie de la Vénérable Mère Marie de Jésus d'Agréda*, Paris, Lecoffre, 1853.

(2) In-16. Paris, Coursier 1855.

En cette même année 1855, *l'Université Catholique*,

L'année suivante, il faisait paraître, à Paris, une *Notice sur l'abbé René-François Rohrbacher* (1) ; mais à cette époque il n'était plus missionnaire du Précieux-Sang. Il habitait Paris, et il était prêtre libre. Enfin, en novembre 1856, il achevait la traduction des *Gloires du Sacerdoce, ses obligations et ses maux*, extrait des révélations authentiques de sainte Brigitte, avec des explications importantes, d'après le R. P. Antonio Natali, de la Compagnie de Jésus (2).

L'abbé Boullan, on le voit, était surtout préoccupé par le surnaturel, les révélations et les faits merveilleux.

*
* *

En 1856, l'abbé Boullan avait eu à s'occuper d'une religieuse de la Congrégation de Saint-Thomas de Villeneuve, à Soissons, la sœur Adèle Chevalier, qui avait des visions et recevait des révélations.

Cette religieuse racontait que, frappée de cécité et d'une congestion pulmonaire, abandonnée par tous les médecins, elle avait été miraculeusement guérie, au mois de janvier 1854, grâce à l'intercession de Notre-Dame de la Salette. Elle

______

(nᵒ de Mars) publiait l'examen de l'ouvrage intitulé : " *Institutiones theologicæ ad usum Seminarii Tolosani*, par l'abbé Boullan (Tiré à part, in-8, 16 pages, Nantes. 1855).

(1) In-8. Paris, Jacques Lecoffre, éditeur, 1856.

(2) Paris et Lyon. Jacques Lecoffre et ancienne Maison Périsse frères, in-16, 204 pages, 1857.

était alors sœur postulante chez les religieuses de saint Thomas de Villeneuve.

La nouvelle s'en était rapidement répandue dans tout le diocèse, et l'évêque de Soissons avait délégué son Vicaire général pour procéder à une enquête. Les conclusions du rapport rédigé par cet ecclésiastique étaient nettes et précises : « Après avoir mûrement réfléchi sur les circonstances dans lesquelles Adèle Chevalier a obtenu le recouvrement de la vue et la guérison pulmonaire qui s'était présentée avec des caractères de gravité si alarmants, *je n'hésite pas à croire à une intervention surnaturelle de la mère de Dieu* ».

A partir de cette époque, la sœur Chevalier affirma qu'elle ne cessait d'être inspirée de la grâce divine, qu'elle était en communication avec la Vierge, dont elle recevait fréquemment des révélations par une voix mystérieuse.

En 1856, elle quitta la Congrégation des sœurs de Saint-Thomas de Villeneuve pour se rendre à Notre-Dame de la Salette, où l'appelaient, disait-elle, des voix surnaturelles.

Les Pères de la Salette examinèrent son état et en furent si frappés qu'ils demandèrent à Mgr Ginoulhiac, évêque de Grenoble, l'autorisation de la mettre sous la direction de l'abbé Boullan, dont la science théologique leur était, disaient-ils , bien connue.

Dès les premiers jours, l'abbé Boullan eut foi dans l'état surnaturel de sa pénitente, et fut convaincu de la vérité de ses révélations. Il conclut au miracle.

En juillet 1857, la sœur Chevalier publia des révélations sous le titre de : *Cri de salut* (1), mais sous le voile de l'anonymat.

Il était dit dans cette révélation « qu'il y a une dose de réparation qui doit être acquittée par des âmes justes, par des victimes innocentes, par des âmes en état de grâce ». Ce fut le point de départ d'une *Œuvre de la Réparation des âmes*, qu'Adèle s'efforça d'organiser sous la direction de l'abbé Boullan. Il se mit aussitôt à quêter pour recueillir les fonds nécessaires à la construction d'une église et d'une maison où s'assembleraient les âmes réparatrices.

C'est sous l'influence des révélations de la sœur Chevalier qu'il publia, en 1857, un ouvrage ayant pour titre : *La Véritable Réparation, ou l'âme reparatrice par les saintes larmes de Jésus et de Marie*, dans lequel il disait que « le Ciel demande pour nous sauver des prières réparatrices faites dans les Eglises par le clergé et les fidèles ». L'ouvrage eut beaucoup de succès et les éditions se succédèrent.

Au cours de ses voyages, il rencontra vers la fin de 1857, à Millau, une institutrice privée, Melle Marie-Madeleine Roche, qui était, depuis 1847, l'apôtre infatigable de l'*Œuvre réparatrice des blasphèmes et de la violation du dimanche*, établie

(1) Reproduit par l'abbé Curicque dans : *Voix Prophétiques*, tome II, pp. 466-470, Paris, 1872.

à Saint-Dizier (Haute-Marne). Si l'on en croit son biographe, l'abbé Carrié, Mlle Roche était une mystique de valeur (1) Elle avait reçu le don de discernement des esprits et avait des intuitions qui lui permettaient parfois d'annoncer l'avenir. Depuis plusieurs années, elle s'appliquait à faire connaître l'œuvre réparatrice dans la ville et dans la région.

Lorsqu'elle rencontra l'abbé Boullan, elle ne manqua pas de lui parler de l'œuvre qui lui tenait tant à cœur. Des relations s'établirent entre eux pour l'extension de cette œuvre.

Le directeur de l'Œuvre réparatrice de Saint-Dizier, que Mlle Roche avait consulté, l'engagea à se confier à l'abbé Boullan : « C'est un prêtre savant, pieux, lui dit-il ; vous pouvez en toute conscience suivre ses inspirations ».

Boullan l'engagea à venir à Paris pour qu'il pût examiner à fond la voie extraordinaire de la réparatrice de Millau. Mlle Roche y alla, prit logement dans un couvent de la capitale et y demeura un mois entier.

L'abbé Boullan l'étudia attentivement, ne vit aucune erreur dans ses écrits et eut entièrement confiance dans sa mission de réparatrice.

Toutefois, il lui dit qu'avant de fonder l'Œuvre, il fallait en référer à Rome, et il engagea Melle Roche à s'y rendre, se chargeant lui-même de l'accompagner. Au mois de septembre 1858,

(1) *Biographie de Marie-Madeleine Roche* (1810-1880), par l'abbé J. Carrié. Rodez. 1910.

il écrivit à Mlle Roche, qu'allant à Rome, il passerait à Millau pour l'y prendre. Ils se pré-sentèrent tous deux à l'évéché de Rodez pour expliquer à l'évêque le but de leur voyage. L'évêque leur remit une lettre de recommandation. Arrivés à Rome, Mlle Roche obtint de Pie IX, une audience privée, dont elle sortit de plus en plus confirmée dans sa mission.

Revenu à Paris, l'abbé retrouva la sœur Chevalier et reprit sa direction. Conformément aux révélations qu'elle disait avoir reçu de la Vierge, Adèle Chevalier avait fondé l'*Œuvre de la Réparation des âmes*, dans laquelle elle groupait des âmes réparatrices. Les règles de la nouvelle Œuvre avaient été écrites par la sœur sous la dictée divine.

D'accord avec son directeur, elle installa l'Œuvre à Bellevue, dans le département de Seine-et-Oise, avec l'approbation de plusieurs prélats hauts placés.

A cette époque, en 1859, l'abbé Boullan habitait à Sèvres, 14, avenue de Bellevue, et il avait fondé une Revue intitulée : ANNALES DU SACERDOCE, *Journal de la Réparation et de l'Œuvre des Missions*, qui s'occupait de théologie mystique, et de ramener les chrétiens d'Orient à l'Eglise romaine. La revue paraissait trois fois par mois.

Bientôt, on signala dans l'intérieur de la communauté des pratiques bizarres. L'abbé Boullan y guérissait , par des procédés étranges, les maladies *diaboliques*, dont auraient été atteintes les religieuses.

Dans un ouvrage de M. Charles Sauvestre : *Les Congrégations religieuses dévoilées*, j'ai trouvé de curieux renseignements sur notre abbé et ses étranges médications : « Une des sœurs étant tourmentée par le démon, l'abbé B..., pour l'exorciser, lui crachait dans la bouche ; à une autre, il faisait boire de son urine mélangée à celle de la fille Chevalier, que les sœurs avaient ordre de ne jamais jeter ; à une troisième, il ordonnait des cataplasmes de matières fécales. J'en passe de *plus étranges* encore, et que la plume qui se respecterait le moins se refuserait à reproduire (1) ».

De plus, des ecclésiastiques écrivaient à l'abbé Boullan et à la sœur Chevalier pour leur demander — moyennant finances — comment ils pourraient se concilier la faveur de la sainte Vierge ; des femmes du monde les consultaient sur des cas de conscience incroyables.

Il y eut bientôt, auprès de l'évêque de Versailles, des plaintes nombreuses. Si l'on s'en rapporte aux documents judiciaires recueillis par M. Sauvestre, une instruction fut ouverte contre l'abbé Boullan et la sœur Chevalier, accusés d'escroquerie et d'outrage public à la pudeur. Sur ce dernier chef, la chambre des appels correctionnels à Paris aurait rendu, en juillet 1865, une ordonnance de non-lieu, ne retenant que l'escro-

(1) Charles Sauvestre : *Les Congrégations religieuses dévoilées*, page 118. (Paris, Dentu, 1879.)

querie, pour laquelle ils auraient été condamnés à trois ans de prison.

Je dois à la vérité de dire que je n'ai pu trouver trace de cette condamnation pour escroquerie, à la date indiquée par M. Sauvestre (1) Peut-être y a-t-il une erreur de date.

Quoi qu'il en soit, l'abbé Boullan écrira, plus tard, qu'en 1867, étant « sous le poids d'une épreuve terrible », il alla faire une retraite au célèbre monastère bénédictin de la Pierre qui Vire, et c'est au pied de la statue de la Vierge « érigée sur l'antique pierre qui servait jadis aux invocations des démons », qu'il trouva le secours dont il avait besoin.

L'année suivante, il résolut, afin de connaître les desseins de Dieu sur sa vocation et l'œuvre de la divine Réparation, d'aller à Rome, en pèlerinage, au tombeau des saints Apôtres et aux divers sanctuaires de la Ville sainte. De là, il se rendit à Notre-Dame de Lorette, et de Lorette à Assise, pour recevoir la bénédiction du glorieux patriarche d'Assise, dans la célèbre église de Notre-Dame des Anges.

C'est à Rome qu'il conçut le projet de la fondation d'une revue destinée à mettre en lumière

(1) M. Sauvestre donne comme référence *l'Indépendance belge*. J'ai parcouru tous les numéros du mois de juillet 1865 de ce journal, qui a une rubrique spéciale pour les tribunaux, mais n'ai rien trouvé concernant l'abbé Boullan. Je n'ai pas été plus heureux en consultant attentivement à la Bibliothèque Nationale les deux gros volumes de la *Gazette des Tribunaux*, de 1865.

les saints du XIXe siècle. Il en rédigea le programme, en traça le plan qu'il exposa, à son retour à Paris, dans un groupe de religieux, et le 1er janvier 1870 paraissait le premier numéro des *Annales de la sainteté au* XIXe *siècle*.

* *

Les Annales de la sainteté constituaient en quelque sorte un répertoire biographique des Saints, des Bienheureux et des Vénérables qui avaient vécu et étaient morts dans le courant du XIXe siècle. Ces biographies étaient établies d'après les actes des procès apostoliques pour la béatification.

L'abbé Boullan en était le principal collaborateur. Il travaillait aussi à propager le culte de la Sainte Vierge et de saint Joseph, et, en mars 1870, il publia à Paris : *La Très Sainte Vierge fondatrice, en Jésus-Christ, de la Sainte Eglise* (in-8, de 96 pages).

Pendant le Concile du Vatican, il fut délégué à Rome, comme chroniqueur du Concile pour le *Rosier de Marie*, journal religieux fondé par l'abbé Pillon.

Rentré de nouveau à Paris, il devint à partir du 1er janvier 1872, propriétaire-gérant et rédacteur en chef des *Annales de la sainteté au* XIXe *siècle* (1).

(1) Les bureaux étaient 77, rue de Vaugirard, au domicile de l'abbé Boullan.

Toujours préoccupé de mysticisme, il y publie des articles sur les événements de Pontmain ; et, détail curieux, il mène une ardente campagne. en faveur de l'introduction à Rome de la cause de béatification du curé d'Ars, pour lequel il avait une vénération particulière.

Mais sa principale préoccupation est l'idée réparatrice, et il annonce que les *Annales de la. sainteté* ont reçu du ciel une mission, celle de faire connaître l'*Œuvre de Marie,* qu'il a fondée en 1869, et qui est une nouvelle forme de la divine Réparation. Cette Œuvre est destinée à faire triompher l'Eglise et à sauver le monde, au milieu de la décadence de la foi.

Non seulement, disait l'abbé Boullan, nous devons souffrir une part de souffrance pour nous, mais il nous est aussi permis de souffrir en faveur des autres, parce que nous sommes les membres du corps mystique du Sauveur, et les membres du membre qui constitue le corps divin du Christ.

« L'heure est venue où le ciel veut révéler à la terre les mystères de la Sainte Hostie de Notre-Seigneur Jésus-Christ, et par quelles souffrances de l'âme et du corps le Sauveur a opéré la rédemption du genre humain... Il doit exister un Ordre religieux qui se proposera ce but, et l'heure est favorable pour faire connaître quelque chose de ce qu'il a plu au ciel de nous dévoiler, concernant ces mystères... ».

Et l'abbé Boullan explique qu'il y a plusieurs degrés dans l'Œuvre de Réparation. Le premier degré consiste à souffrir les maux de tout genre dans le corps physique, maux qui échappent à toutes les investigations de la science, et que l'art humain est impuissant à guérir. Il est d'une grande importance, dit-il, de faire observer qu'il ne faut *pas confondre ces maladies mystérieuses avec les maux diaboliques qui ont pour cause les maléfices dont les suppôts des démons sont les auteurs.* A l'extérieur, ces maladies ont des caractères qui les rendent semblables, mais aux yeux de ceux qui ont la lumière de la science, il y a une différence complète. Il est vrai que, dans les deux cas, l'art humain de la médecine est impuissant, mais cela ne suffit pas à les confondre.

« *Les maladies diaboliques qui ont leur source dans un maléfice doivent être guéries ; et cela se peut par ceux qui ont reçu de Dieu un pouvoir spirituel sur les démons et sur les maux dont ils sont la source. Il a plu à Dieu de nous faire connaître les maux de ce genre, de les discerner des autres maladies, et quiconque connaît ces maux doit s'efforcer de les guérir ; c'est ce que nous avons fait, et quelquefois avec succès* (1) ».

A l'égard des maladies qui résultent de ce qu'on s'est constitué victime, qui ont leur origine dans l'acceptation volontaire, *il ne faut pas les guérir,* disait l'abbé Boullan, mais il convient de les restreindre dans de justes limites, afin que les âmes ne soient pas écrasées sous le poids de leur far-

______

(1) *Annales de la sainteté.* Avril 1873, p. 315.

deau. Il y a un don, ou plutôt un pouvoir accordé pour venir en aide aux âmes qui sont dans cet état ; « Nous le savons, il y a à l'heure présente dans le monde une quantité immense de maléfices. Mais il y a aussi, soit dans les cloîtres, soit au sein des familles, un nombre considérable d'âmes affligées de maladies d'une origine mystérieuse, et qui n'ont d'autre cause qu'un état de substitution ».

Un autre degré de Réparation consiste, non seulement à accepter la maladie qui est le châtiment du péché, mais à subir le poids lui-même du péché dans son âme, du péché commis par d'autres.

Enfin, les âmes réparatrices peuvent s'associer pour ce combat contre les esprits de l'abîme. Cette lutte, disait l'abbé Boullan, est « pénible, difficile et rude au delà de toute expression » et ce n'est que par l'association des âmes pour lutter contre les esprits d'iniquité qu'il est permis de vaincre en ces cas.

C'est dans ce but, et en vertu d'un ordre céleste, disait-il, qu'il préconisait un nouvel Ordre religieux de la divine Réparation ou *Œuvre de Marie*, qui devait être un ordre divisé en deux grandes branches : l'une comprenant les membres voués à la vie active, et l'autre ceux qui se consacreraient à la vie contemplative. Chaque branche devait comprendre les religieux et des religieuses liés à Dieu par les vœux de religion. Il devait aussi y avoir, outre ces deux branches, des tertiaires pour les personnes vivant dans le monde.

L'Œuvre de Marie se rattachait au secret de la Salette. Elle était destinée à faire triompher l'Eglise, et à sauver le monde au milieu de la décadence de la foi. Ses membres, qui devaient prendre le nom d'apôtres de Marie, recevraient du ciel les dons les plus merveilleux et participeraient aux pouvoirs thaumaturgiques.

Telle était l'Œuvre préconisée par l'abbé Boullan, et plusieurs personnes pieuses répondirent à son appel.

Le 8 avril 1873, il adressa au Pape Pie IX une supplique pour exposer le dessein que la terre entière soit consacrée par un acte solennel au Sacré-Cœur de Jésus et au Cœur immaculé de Marie.

En septembre 1874, il crut devoir aller lui-même à Rome pour parler en faveur de sa pétition. A cet effet, il visita les grands théologiens, avec lesquels il avait jadis été en relation, à l'époque du Concile du Vatican.

Il avait également un autre but : celui de demander au Pontife d'accorder sa bénédiction à sa revue : Les *Annales de la sainteté*, qu'il lui soumettait. Il espérait, par ce moyen, contre-balancer efficacement l'influence hostile de certains évêques, et notamment de l'Archevêque de Paris, qui avait cru devoir prévenir son clergé « contre de prétendues révélations qui portaient le trouble et la crainte chez bien des personnes, et surtout contre les *Annales de la sainteté au XIX*e *siècle* ».

L'abbé Boullan était alors très préoccupé de la magie qui s'exerçait au sein des sociétés secrètes, et il disait connaître un remède divin à ce grand mal. De plus en plus, il était en relation avec des voyantes et des voyants. Il pratiquait les exorcismes en faveur des personnes obsédées, et s'appliquait aux guérisons miraculeuses des malades. Au début de l'année 1875, il avait guéri une épileptique au moyen d'une relique de la robe sans couture du Christ conservée à Argenteuil. Mandé à l'Archevêché de Paris pour s'expliquer à ce sujet, il fut frappé d'interdit par le cardinal Guibert, dès qu'il lui eut exposé comment il opérait pour obtenir ses cures miraculeuses.

M. J.-K. Huysmans a placé dans la bouche d'un des personnages de son livre : *Là-bas*, le récit de cette entrevue de l'abbé Boullan avec l'Archevêque de Paris :

« Ah ! je me souviens de la dernière fois que je le vis, comme si c'était hier ! Je le rencontrai, rue de Grenelle, sortant de l'Archevêché, le jour où, après une scène qu'il me raconta, il quitta l'Eglise. Je revois ce prêtre, marchant avec moi, le long du boulevard désert des Invalides. Il était blême et sa voix défaite, mais solennelle, tremblait.

« Il avait été requis et on le sommait de s'expliquer sur le cas d'une épileptique qu'il disait avoir guérie, à l'aide d'une relique, de la robe sans couture du Christ, conservée à Argenteuil. Le Cardinal, assisté de deux grands vicaires, l'écoutait, debout.

« Quand il eut terminé et qu'il eut en outre fourni les renseignements qu'on lui réclamait sur ses cures des sortilèges, le Cardinal Guibert dit :

« — Vous feriez mieux d'aller à la Trappe !

« Et je me rappelle, mot pour mot, sa réponse :

« — Si j'ai violé les lois de l'Eglise, je suis prêt à subir la peine de ma faute ; si vous me croyez coupable, faites un jugement canonique et je l'exécuterai, je le jure sur mon honneur sacerdotal ; mais je veux un jugement régulier, car, en droit, personne n'est tenu de se condamner soi-même, *nemo se tradere tenetur*, dit le *Corpus Juris canonici* ».

« Il y avait un numéro de sa revue sur une table. Le Cardinal, désignant une page, reprit :

« — C'est vous qui avez écrit cela ?

« — Oui. Eminence.

« — Ce sont des doctrines infâmes ! — Et il alla, de son cabinet dans le salon voisin, criant : Sortez d'ici ! — Alors, Johannès s'avança jusqu'à la porte du salon et, tombant à genoux sur le seuil même de la pièce, il dit :

« — Eminence, je n'ai pas voulu vous offenser ; si je l'ai fait, j'en demande pardon.

« Le Cardinal criait plus fort : Sortez d'ici ou j'appelle ! Johannès se releva et partit. — Tous mes vieux liens sont rompus, fit-il en me quittant. — Il était si sombre que je n'eus pas le courage de le questionner ! » (1)

____

(I) *Là-Bas*, pages 283 et seq.

Frappé d'interdit, il se rendit néanmoins à Rome pour en appeler au Pape, mais son appel ne fut pas accepté et il fut chassé du Vatican quand il déclara qu'il avait reçu du ciel l'ordre de combattre les maléfices par le moyen d'hosties consacrées et d'ordures employées comme remèdes.

A la suite de ces aventures, les *Annales de la sainteté* cessèrent de paraître (1), et en juillet 1875 l'abbé Boullan quitta l'Église (2).

(1) Le dernier numéro porte la date du 1ᵉʳ juillet 1875.

(2) Comme complément aux publications faites par l'abbé J.-A. Boullan, signalons : *Histoire abrégée de l'Église*, par l'abbé Fr. Lhomond, *revue sur les éditions publiées du vivant de l'auteur, continuée jusqu'au pontificat de Pie IX*. Paris, Josse, 1859. in-18.

CHAPITRE II

L'Abbé Boullan et le Vintrasisme

A plusieurs reprises, au cours de sa carrière de théologien et d'écrivain mystique, l'abbé Boullan avait eu l'occasion d'entendre parler du célèbre prophète Eugène Vintras, fondateur de l'Œuvre de la Miséricorde.

Eugène Vintras a laissé une réputation discutée et troublante, mais ceux qui l'ont connu peuvent témoigner de la sainteté de sa vie. Il est sans contredit la plus extraordinaire figure mystique du xixe siècle. Sa vie est étrange.

Fils d'ouvrier, ouvrier lui-même, sans fortune, sans éducation, dépourvu de tout ce qui paraissait nécessaire pour l'accomplissement d'une grande œuvre, il était, comme dit saint Paul, ce qu'il y a de plus vil et de plus méprisable, selon le monde. Et cependant il fut choisi pour révéler au monde une gnose qui dévoile certains mystères du Kosmos supérieur et jette des vues toutes nouvelles et très profondes sur l'économie et l'ésotérisme du christianisme.

Prophète, il annonçait la troisième Révélation,

l'Ère du Paraclet, la venue du Christ en Gloire. Afin de l'élever à la hauteur de la grande mission à laquelle il avait été appelé, l'Esprit révélateur, le cultiva lui-même, le façonna, le pétrit pour ainsi dire, et, du degré d'ignorance où il se trouvait, le fit arriver à la perfection, à l'intuition d'une immense vérité.

Il lui fut révélé qu'il était Elie, le prophète descendu du ciel en précurseur de l'avènement de Notre-Seigneur Jésus-Christ. (1)

Son ministère prophétique, désigné sous le nom de Carmel d'Elie, fut manifesté par la révélation et l'institution d'un Pontificat provictimal et d'un Pontificat divin. Eugène Vintras était le Pontife prophétique.

Plusieurs prêtres vinrent se ranger autour du Prophète et reçurent des fonctions et des titres nouveaux comme Pontifes du Carmel annonciateur de la troisième Révélation.

Cette nouvelle Révélation, Eugène Vintras l'appuyait sur des miracles. Parfois il s'élevait de terre, devant témoins, lorsqu'il priait. Sur son autel se produisaient des phénomènes étranges : des vins mystérieux emplissaient soudainement le calice, des hosties marquées de stigmates sanglants apparaissaient subitement sur l'autel et sur la patene à la vue de tous les assistants. L'autorité ecclésiastique s'était inquiétée et avait réussi à faire condamner par Rome ce prophète qui, en

---

(1) *Le Grand prophète et le Grand Roi*, 1851.

plein XIXe siècle, s'avisait de faire des miracles
et de prêcher une nouvelle doctrine.

*
**

  Libéré du joug de l'église, l'abbé Boullan résolut
de se rallier à la doctrine d'Eugène Vintras. Il
écrivit, en juillet 1875, à ce dernier, qui se trouvait alors à Londres, une lettre dans laquelle il
lui disait qu'il était poussé par des voyants et des
voyantes, en particulier par Melle Joséphine Lancier, de Loches, de se rencontrer avec l'homme
de Dieu qu'était Eugène Vintras. Il se proposait
d'aller le voir à Londres, sans toutefois, ajoutait-
il, abandonner quoi que ce soit de ses propres
opinions,

  Vintras lui répondit qu'il n'était pas nécessaire
de faire des « abjurations » pour que deux hommes
pussent se recontrer ; on ne l'obligerait à rien s'il
venait à Londres. Il ajouta que, devant se rendre
en Belgique le 12 août, il pourrait également le
rencontrer à Bruxelles, si cela lui était plus facile,
et il lui donnait son adresse.

  Boullan répondit qu'il était dans le Nord et qu'il
pourrait plus aisément se rendre en Belgique.

  Le 13 août, il se présentait chez Vintras. Il
venait, disait-il, ayant entendu parler de l'Œuvre
de la Miséricorde, pour en prendre connaissance.
Ils déjeunèrent ensemble et causèrent de Joséphine Lancier, de Louise Geoffroy et d'autres
voyantes, Ils se revirent le lendemain. Au dire

de M. Souleillon, Pontife de Prudence de l'Œuvre de la Miséricorde, qui assista à ces deux entretiens, il ne fut question que d'idées générales. Vintras se borna à donner à Boullan quelques grands traits sur la troisième Révélation, l'assurance du Règne de Dieu et du retour de Jésus-Christ.

Le 26 octobre, Vintras, se trouvant à Paris, reçut de nouveau la visite de Boullan. Ils s'entretinrent particulièrement des miracles hostiaires, et M. Souleillon lui montra un album sur lequel étaient reproduits les fac-simile des hosties sanglantes .

A la vue de tant de merveilles, Boullan s'extasia et déclara qu'il voudrait interpréter leurs signes et leurs symboles et en être le Champollion, si l'on voulait bien mettre cet album à sa disposition.

Il ne fut pas donné suite à cette proposition, mais Vintras lui remit une hostie sur laquelle étaient tracés en caractères de sang : un calice, un cœur et deux A.

Le lendemain, Boullan écrivit à Vintras que devant s'absenter, il le priait de lui envoyer *par la poste*, ou de bien vouloir faire déposer chez lui, rue de Vaugirard, quelques autres hosties, pourremettre à des amis, très désireux de les posséder. Vintras lui répondit que, « pour un *don semblable*, on pouvait au moins se déranger en personne pour venir le recevoir ». Boullan s'excusa, confessant la légèreté de son procédé.

Telles furent les seules relations directes de

Boullan avec Vintras. Nous allons voir quels en furent les résultats à l'égard de Boullan.

Le 7 décembre 1875, Eugène Vintras était mort à Lyon. Boullan, qui n'avait plus donné de ses nouvelles, et dont les Pontifes de l'Œuvre de la Miséricorde n'avaient plus entendu parler qu'indirectement, adressa le 22 janvier 1876 à M. Edouard Souleillon, Pontife de Prudence et conservateur des Archives de l'Œuvre, la lettre suivante :

Paris, 22 janvier 1876.

Très honoré M. Edouard Souleillon,

Celui qui vous écrit ces lignes est un ami du cher Elie dont vous pleurez la perte. J'ai eu la joie de vous voir à Bruxelles et à Paris. Hélas ! le jour où vous avez bien voulu me montrer les signes si merveilleux que le ciel a donné aux Elus de l'Œuvre de la Miséricorde, je ne me doutais guère que je voyais l'Envoyé de Dieu pour la dernière fois.

Depuis ce jour, je n'avais qu'un désir, traduire en langue accessible à tous cette riche langue symbolique dont vous avez bien voulu me montrer quelques signes sacrés. J'espère toujours que la divine Providence me permettra de me joindre à vous pour faire ce travail. Aussi, si vous portiez vos pas à Paris, ou si moi-même j'allais à Lyon, je consacrerais à ce travail toutes mes forces vives. Quelle joie j'aurais de lire les significations de ces symboles sacrés. J'ai, à cette heure, des loisirs que je consa-crerai volontiers à cette œuvre...

Daignez agréer l'hommage de mes sentiments respectueux en J. M. J.

J.-A. BOULLAN,
77, rue de Vaugirard.

M. Souleillon lui ayant répondu qu'il était fixé à Lyon et ne prévoyait pas de sitôt un voyage à Paris, M. Boullan lui écrivit quelques jours après :

Paris, 4 février 1876.

TRÈS HONORÉ M. EDOUARD SOULEILLON,

... Mon dessein est d'aller à Lyon. Le principal but de ce voyage est d'étudier de plus en plus pro-fondément la mission d'Elie. Si votre bienveillante bonté veut bien me donner connaissance des Ar-chives, je vous en serai très reconnaissant.

On a brisé ma plume en empêchant mon journal. Me voilà donc des loisirs que je vais employer à mettre à profit pour m'éclairer et faire des travaux. M. Urvoy veut bien me faire lire les écrits d'Elie, soit récents en manuscrits, soit anciens et qui ont été imprimés.

Il me reste à faire des vœux pour votre santé et à demander au ciel que vous puissiez accomplir votre mission.

Veuillez saluer dans la paix du Seigneur tous vos frères et sœurs.

J.-A. BOULLAN.

On remarquera que rien, dans ces deux lettres, ne témoigne de la prétention de l'abbé Boullan de se dire successeur d'Elie, « ayant reçu de lui la transmission de ses pouvoirs » comme il le prétendra et le fera imprimer plus tard. Il désire simplement prendre connaissance des manuscrits et des Archives de l'Œuvre de la Miséricorde, si on veut bien les mettre à sa disposition.

Boullan arriva à Lyon le 20 février 1876. Pendant huit jours, il fit au Pontife de Prudence une visite presque journalière. Il reçut communication des fac-simile des hosties miraculeuses et s'en extasia de nouveau. Le huitième jour, il lut à M. Souleillon une communication céleste que Mlle Lancier, de Loches, avait reçu le 28 janvier 1876 ; « Va à Lyon, successeur d'Elie, et le Seigneur Jésus te sacrera du consentement de ces hommes de foi. Tu es le successeur de leur Prophète... ».

Le Pontife de Prudence lui fit remarquer que personne ne pouvait le consacrer Pontife et successeur d'Elie. Boullan lui lut alors une communication d'un autre voyant, où il était nommé « Jean-Baptiste, successeur d'Elie ».

— Pour reconnaître le véritable successeur d'Elie, lui répliqua M. Souleillon, nous attendons une direction de la lumière de Dieu par une voie divine. Dieu seul peut vous investir, si vous êtes appelé à l'esprit d'Elie, et Dieu ne le fera pas sans vous mettre à même de prouver votre mission. Donnez donc vos preuves et vous serez le bienvenu.

— J'ai mes preuves, préparées et déposées en mains sûres répondit Boullan. Je vous appellerai par télégramme pour en être témoin.

Boullan n'avait donc pas réussi à convaincre M. Souleillon. Il eut plus de succès auprès de M. Soiderquelk, Pontife de Cordiale et sainte Unification, qui officiait au sanctuaire de Monplaisir, près Lyon.

D'emblée, dès que Boullan lui avait eu communiqué les visions de Mlle Lancier, M. Soiderquelk avait cru en la mission de Jean-Baptiste et avait tenu Boullan pour le successeur d'Elie.

Boullan revint alors vers M. Souleillon, lui disant que M. Soiderquelk l'avait reconnu pour successeur d'Elie, et le priant d'en faire autant, ajoutant qu'il donnerait bientôt la preuve de sa mission, en ressuscitant Mlle Lancier, qui allait mourir. Il ferait M Souleillon témoin de la résurrection de cette demoiselle, qui serait alors la Sainte-Vierge, mère du Carmel d'Elie. M. Souleillon serait de ce fait obligé de se rendre à l'évidence. Il ajoutait que la preuve de sa mission devait se trouver dans les Archives de l'Œuvre de la Miséricorde. Sur l'affirmation contraire de M. Souleillon, Boullan se retira, lui disant qu'il lui enverrait quand même une dépêche pour qu'il se rende à Loches, où devait s'accomplir cette résurrection, et qu'il connaîtrait alors son pouvoir, car il pouvait guérir un malade, ou tuer une personne, même à distance. Il le verrait à l'œuvre, ressuscitant Mlle Lancier. Deux mois plus tard, le 24 avril 1876, l'abbé Boullan faisait circuler parmi les disciples de l'Œuvre de la Miséricorde une sorte de manifeste signé « Elie Jean-Baptiste », dont voici quelques extraits :

« ...A l'heure présente, le ciel pose aux enfants d'Elie Strathanaël deux questions : 1° reconnaître Elie Jean-Baptiste ; 2° confesser que l'esprit de Marie repose en Mlle Joséphine Lancier ; que c'est elle qui est investie de cet esprit...

« Je ne sais si vous savez que cette Elue entre toutes (Mlle Lancier) a reçu la promesse qu'après avoir été trois jours dans les bras de la mort, Notre-Seigneur viendrait lui-même la ressusciter et lui donner une vie pleine de vigueur.

« L'heure de la troisième Révélation s'ouvrira, à proprement parler, par ce miracle. Ce prodige, qui sera suivi de bien d'autres, prouvera l'investiture de la mission de Jean-Baptiste Elie. Devant ces faits, nul ne pourra contester, s'il aime et cherche là vérité. Mais je désire que les enfants de l'Œuvre de la Miséricorde n'attendent pas des preuves si décisives, car, sans cela, les premiers seront les derniers... ».

De son côté, M. Soiderquelk adressait, le 6 mai 1876, une lettre à tous les Pontifes du Carmel, dans laquelle il affirmait que Boullan était réellement l'élu de Dieu pour la manifestation dè la seconde phase de la mission Eliaque, et qu'il était Jean-Baptiste. De sa propre autorité, il proclamait Boullan successeur de Vintras, et lui remettait les hosties miraculeuses dont il avait la garde au sanctuaire de Monplaisir.

M. Soiderquelk entraîna avec lui un certain nombre de familles ; Boullan, de son côté, adressait lettres sur lettres aux Pontifes du Carmel, sans réussir cependant à les convaincre de sa mission. Un instant, il crut avoir gagné l'abbé Baillard, de Nancy, Pontife d'Adoration. « Vous verrez, lui écrivait-il, que nous ne reculons pas dans notre foi en la mission de la *Mère du Carmel*. Il semble qu'après avoir vécu de si longues années dans l'œuvre d'Élie, vous devez avoir à cœur de connaître tout ce qui peut intéresser ceux qui ont suivi le sublime prophète...». Et il joignait à sa lettre une communication de Joséphine Lancier, l'élue à titre de Mère du Carmel d'action, dans laquelle Dieu affirmait que sa fidèle servante devait mourir sous peu. Le médecin déclarerait qu'elle est morte : « Son amie, Mme de Lalande, en apprenant que le sort en est jeté, que la martyre de tous ses devoirs a cessé de vivre, télégraphiera au Pontife Suprême du Carmel Trématique de Lyon, que la vache Io a été abattue par le boucher cruel... ». Alors elle devait ressusciter.

Léopold Baillard lui répondit qu'il attendrait dans la prière, des preuves de sa mission.

En janvier 1877, Boullan était définitivement installé à Lyon, chez M. Soiderquelk, Il commença à publier graduellement sa doctrine. Le 20 janvier paraissait, lithographié : *Le Cri du Salut, Appel aux hommes de foi* (1). Il y annonçait la prochaine venue du règne de Dieu par Marie ; non pas par la Sainte Vierge en personne , mais par une *élue* qui sera une femme ressuscitée. Marie lui communiquerait son esprit et sa vertu. Cette *élue* ne serait pas seule, d'autres devaient l'accompagner, et leur légion constituerait le *Marisiaque* du Carmel. Un nouveau décret du ciel ferait sauver la France par l'héroïne Jeanne du Salut (2), qui ferait asseoir le Grand Monarque sur le trône.

Le 7 septembre parut une nouvelle brochure ; *Aux pieux adhérents de l'Œuvre de la Miséricorde,* (lithographiée) (3), et le 17 octobre un nouveau manifeste autographié signé : Jean-Baptiste, et contresigné par le Pontife de Cordiale et sainte Unification (M. Soiderquelk) fut adressé à tous les Pontifes de l'Œuvre de la Miséricorde.

Voici ce document :

Aux Pontifes Eliaques
et aux Elues consacrées du Marisiaque du Carmel,

Nous prions les Pontifes et les Elues du Marisiaque du Carmel qui auront reçu cet écrit autographié de bien vouloir le conserver avec soin

---

(1) In-8, 32 pages. Impr. et Lithogr. J. Gallet, Lyon.
(2) Joséphine Lancier.
(3) In-8, 32 pages. Impr. et Lithogr. J Gallet, Lyon.

jusqu'au jour du miracle attendu. Il servira ainsi à attester qu'ils ont été appelés à rendre témoignage à la vérité et à certifier comment tout s'est accompli dans le prodige de la résurrection de Mlle Lancier, qui ouvre l'ère des temps bénis de la troisième Révélation.

Nous avons un devoir sacré à remplir à l'égard de nos frères concernant ce grand fait qui a été annoncé par le sublime Prophète Elie : c'est de bien prouver que nous n'avons rien négligé pour écarter tous les doutes , pour mettre à néant toutes les suspiscions.

Si le Ciel a permis que des injures fussent adressées à la grande Elue du Carmel et à nous, il y a là un grand enseignement à recueillir. Il n'a pas suffit au peuple juif d'entendre, de lire et d'avoir entre ses mains les paroles des Prophètes ; il en est de même à l'égard du plan de Dieu, pour la venue du règne glorieux de N.-S. J.-C. *par Marie*. Nous ne nous sommes pas laissé séduire par la lettre qui tue ; mais nous, qui avons le bonheur de comprendre le lettre qui vivifie, c'est-à-dire le sens divin qui est lumière et vie pour quiconque en fait le flambeau de sa conduite, nous devons rendre à Dieu les plus vives et les plus ardentes actions de grâces.

Dans ce prodige dont les annales du monde ne nous offrent que de rares exemples pour servir de type, nous avons une obligation rigoureuse à remplir envers ceux qui ne seront pas appelés à constater le miracle.

Tous ceux qui liront, soit au loin, soit dans la postérité, les précautions dont nous nous sommes entourés, l'examen des faits qui ont eu lieu, devront être contraints à confesser que notre témoignage est au-dessus de tout doute et de toute objection.

Après avoir vu comment nous avons procédé, il faut que la vérité soit placée dans une évidence qui s'impose à tout cœur droit et à toute âme sincère. Dieu nous est témoin que nul intérêt humain n'est en jeu, aucun projet ambitieux ne nous inspire. La vérité, le bien, le relèvement de l'humanité sont notre but unique, à nous tous qui vivons dans la foi et l'attente du miracle.

Tous les Pontifes et les Elues ointes de l'onction sainte du Marisiaque, et tous les autres élus de l'Œuvre de la Miséricorde qui auront reçu cet écrit devront considérer cet envoi comme une invitation a être témoin du grand prodige annoncé. Qu'ils daignent nous donner avis de leur intention de se rendre à l'appel fait, et nous prendrons les mesures nécessaires afin que ce vœu légitime soit réalisé, à l'heure voulue de Dieu et fixée par la sagesse éternelle dans ses décrets souverains.

Lyon, route d'Heyrieux, 60, le 17 octobre 1877.

A ce manifeste, M. Souleillon répondit par la lettre suivante, au nom des Pontifes Carméléens :

« ...Votre doctrine n'est pas conforme à la doctrine d'Elie et à la nôtre, qui sommes ses collaborateurs. Donc il n'y a rien de commun entre vous et nous et votre doctrine met entre vous et nous un abîme que rien ne peut combler. Suivez donc votre voie, sans plus vous soucier de nous, car il n'y a aucune alliance possible entre vous et nous tant que vous soutiendrez une doctrine et des prétentions de la nature de celles émises par vous depuis plus de quinze mois. Croyez vous tout ce que vous voudrez ; croyez vous le plus savant, le plus grand sur la terre et même au delà si vous le voulez, mais cessez de croire que votre doctrine puisse jamais s'allier ou prévaloir sur celle que nous avons le bonheur de croire et de professer.

« Vous vous dites chargé d'expliquer la doctrine d'Elie ; cessez encore de vous faire illusion. Expliquez et faites mettre en pratique votre doctrine, si vous trouvez des complaisants qui s'y prêtent, mais cessez de croire que vous avez mission d'expliquer et de faire pratiquer une doctrine que vous ne connaissez pas et que vos écrits nient... ».

Deux Pontifes, cependant, MM. Prudhomme et Spinelli, du Havre, répondirent à l'appel de l'abbé Boullan, ce qui, avec M. Soiderquelk, porta à trois sur dix-neuf les Pontifes qui se séparèrent du Collège des Pontifes Carméléens pour suivre l'abbé Boullan.

Celui-ci continuait d'ailleurs avec acharnement sa propagande, et en janvier 1878, paraissait sous sa signature, un nouveau volume : *La raison de nos espérances aux jours de deuil où nous sommes* (1). Il est daté du Carmel Trématique Eliaque, à Lyon, et Boullan stipule qu'il l'a écrit « dans le ministère de Jean-Baptiste en la mission d'Elie ». Il y proclame sa *mission*. Il annonce la venue du règne de Dieu par Marie. L'avènement visible et personnel de Marie précédera l'avènement de Jésus-Christ. Il parle de la Femme Forte qui sera investie du Sacerdoce d'Amour ; la Jeanne du Salut par laquelle la France sera sauvée et qui obtiendra la venue et le règne glorieux du Monarque fort. Le grand mystère qui se cache en Melchissedech est enfin dévoilé : le Souverain Pontificat de Pierre va être remplacé par le souverain Pontificat de Jean qui a été formé à la Cène et au pied de la Croix. La France régénérée aura pour roi le Grand Monarque qui devait être, d'après Boullan, le comte de Chambord, etc...

Boullan s'occupait beaucoup alors de guérir les possédées. C'est ainsi qu'une dame Mangeot, d'Epernay, fut délivrée par les prières et les visites *spirituelles* de Jean-Baptiste. Boullan avait avec lui une voyante : Julie Thibault. Cette Julie Thibault, que Huysmans nous a dépeinte dans *La Cathédrale* sous le nom de Mme Bavoil, avait parcouru toute l'Europe, à pied, visitant les lieux de pèlerinage de la Vierge. Elle vivait de pain trempé dans du lait, avec parfois un peu de miel.

Elle possédait le don de voyance et opérait des miracles. A une prière que celle-ci avait adressée

____
(1) In-8, 79 pages. Impr. et Lithog. J Gallet, Lyon.

à la Vierge, Louise Demarquet, qui était en léthargie depuis quatorze mois, s'était réveillée soudain.

Le plus étrange, c'est qu'elle avait institué une sorte de Pontificat féminin. Elle se proclamait « prêtresse de Marie ». Boullan, entrant dans ses vues et usant des pouvoirs du Souverain Pontificat dans le sacerdoce Carméléen qu'il s'attribuait, institua des prêtres et des prêtresses pour offrir des sacrifices nouveaux. Il donna au Pontificat féminin le nom de « Marisiaque du Carmel ». Le rituel, manuscrit in-4 de 45 pages, est intitulé : *Le Sacrifice provictimal de gloire du Marisiaque du Carmel d'Elie.* Il comprend le cantique de prière, l'acte de glorification, l'offrande du pain, l'offrande du vin, l'offrande de la lumière, l'invocation déprécatoire consécrative, la prière universelle pour tous les esprits, la communion sous les espèces du vin rouge (les prêtres seuls officiant avec du vin blanc) ; enfin les actions de grâces.

Le rituel pour les prêtres est intitulé : *Le Sacrifice de gloire divin,* manuscrit de 29 pages, in-8, portant la date de mars 1880. La doctrine de l'Amour purificateur et sanctificateur y est enseignée : « *L'Amour vrai, soit qu'il soit au ciel ou sur la terre, approche tout, justifie tout, sanctifie tout* » y est-il dit. « *Nous devons être les grands prêtres des amours, les Délégués de toutes les puissances amoureuses de la Divinité, pour planer sur toutes les sphères.*

« Il faut tenir dans nos mains les liens qui relient les mondes minéral, végétal, animal, spirituel et traverser tous les cercles, les incendier de nos feux et triompher. Nous allons manger le pain et boire le vin du sacrifice de gloire, et nourris de la consubstantialité glorifiée, nous ne serons plus nous. Notre chair devenue eucharistique nous fera pénétrer dans l'intimité des secrets de l'Epoux éternel...».

Enfin, Boullan donnait à chacun des nouveaux Pontifes, tant hommes que femmes, une mission spéciale qui consistait à prier pour certaines catégories d'esprits inférieurs, afin de leur donner les moyens de s'élever dans la hiérarchie des êtres. Le rituel resté manuscrit en fut écrit par Boullan en mars 1881, sous le titre de : *Sacrifice psychique de Gloire*, in-8, 43 pages, et signé : JEAN-BAPTISTE-ELIE-GABRIEL.

Sous le nom de Carmel d'Elie, et en usurpant le titre de successeur de Vintras, l'abbé Boullan avait, on le voit, instauré une communauté nouvelle ayant ses doctrines et ses rites spéciaux.

Les Pontifes de l'Œuvre de la Miséricorde, véritables continuateurs d'Eugène Vintras, s'étaient désolidarisés complètement d'avec lui, et la grande majorité des membres de l'Œuvre lui avaient interdit de leur adresser ses publications.

Enfin, la mort de Mlle Joséphine Lancier n'ayant pas eu lieu, sa résurrection qui devait être la preuve de la mission de Boullan ne pouvait pas se produire. Peu à peu, les Pontifes qui avaient suivi Boullan l'abandonnèrent ; M. Soiderquelk lui-même, désillusionné, finit par lui retirer sa confiance, et en 1884, le pria de cesser d'habiter chez lui.

Boullan fut alors accueilli par un architecte lyonnais, M. Misme, qu'il avait converti à ses idées.

CHAPITRE III

Doctrines de l'abbé Boullan

Avant d'aller plus loin, je crois qu'il est bon d'examiner brièvement les doctrines prêchées par l'abbé Boullan. On a vu, dans les pages précédentes, qu'il avait adopté les idées d'Eugène Vintras, et que, *publiquement*, il enseignait sa doctrine de la venue prochaine du Paraclet et du retour du Christ glorieux.

Cette théorie n'était pas nouvelle. Ce fut la doctrine orthodoxe des premiers Pères de l'Eglise, de saint Irénée, de saint Justin, de Clément d'Alexandrie, d'Origène. Ce fut celle de tous les grands mystiques du Moyen Age, tels que Scot Erigène, Amaury de Chartres, comme ce fut celle de tous les mystiques Johannites, tel l'admirable Joachim de Flore et les ésotéristes chrétiens.

Elle enseignait qu'il y a trois règnes : celui de l'Ancien Testament, du Père, le règne de la crainte ; celui du Nouveau Testament, du Fils, le règne de l'expiation ; celui de l'Evangile Johannite, du Saint-Esprit, qui sera le règne du rachat et de l'amour. C'est le passé, le présent et l'avenir.

Eugène Vintras enseignait l'androgynat primitif, l'origine céleste de notre esprit, le descendance angélique de l'homme, la chute et la transgression édénale, la déchéance et la matérialisation des êtres, puis la rénovation de l'humanité et le retour des esprits déchus, s'affranchissant par des efforts successifs des entraves matérielles pour se réintégrer au sein de ·l'unité du Verbe éternel.

Ce travail de rénovation devait s'accomplir dans la troisième phase ; celle du Saint-Esprit. Le Saint-Esprit serait immanent dans les êtres ; il serait le principe qui les transformerait et les régénèrerait, leur ouvrant la voie à la réintégration dans l'Eden céleste, ou leur état primitif.

Comment s'opérerait cette réintégration ? Nous touchons ici à un point spécial et secret de l'ésotérisme touchant le devoir de chaque être humain sur la terre. Ce devoir est double.

Chaque homme doit, d'une part, opérer sa *rédemption individuelle* qui n'est autre chose que l'ascension de la monade humaine, évoluée à travers les longues étapes des existences jusqu'à la parfaite restitution de cette monade au centre d'où elle émana jadis. D'autre part, opérer chacun à la *rédemption collective* en prêtant assistance aux monades non encore évoluées au stade hominal, afin de leur faire gravir, échelon par échelon, l'échelle ascendante de la vie.

En conséquence, chacun doit, pour aider à l'ascension rédemptrice des êtres : 1º travailler à sa propre ascension ; 2º participer dans la mesure de ses forces à l'ascension générale des êtres.

Mais comment accomplir ce devoir ?

Par la *loi de la régénération sainte*, disait Boullan ; loi dont l'application a pour résultat la guérison des vices et des passions.

Nous pénétrons ici, dans la doctrine *secrète* de l'abbé Boullan. Nous allons voir, comment, d'une doctrine ésotérique orthodoxe, il va, en l'amplifiant, tirer de curieuses conséquences. Nous allons les résumer d'après ces écrits, ses manuscrits et sa correspondance.

La question la plus importante de notre hominalité, disait-il (1), est celle de la transmission de la vie, selon des lois pures ou impures. La Genèse de Moïse, nous fait connnaître le plan de Dieu avant la formation d'Adam, lorsqu'il pose ce principe ; « Croissez et multipliez », où il établit que la vie hominale se transmettra selon la loi immuable des générations successives. C'est là un principe d'ordre divin absolu qu'il n'est pas possible de méconnaître : toute transmission de vie a lieu par génération. Mais alors, un terrible axiome s'impose ; tel générant, tel généré ! Comme Dieu ne peut avoir fait la création hominale en vue de laisser la nature humaine se perdre dans les bas-fonds de l'immoralité, il est certain que cette loi de la génération doit être

(1) *La loi de Création et la loi de la Génération*, 1891.

sanctifiée ; et, cette sanctification sera la solution du plus haut des problèmes intéressant l'avenir de notre humanité.

Le Saint-Esprit étant sanctificateur, son action s'étendra au principe de la génération. Par l'action du Paraclet, les organes de la génération étant purifiés et sanctifiés, ces organes, dès lors, procréeront des êtres d'élection, des êtres exempts des tares originelles.

Cette question de la sanctification du principe générant en tant que loi primordiale et d'ordre constitutif divin s'explique ainsi, d'après Boullan, selon les lois de la vraie kabbale :

Il y a en nous trois centres de vie : 1º celui de la tête, qui sert aux fonctions de notre esprit ; 2º celui des sentiments, dont l'organe se trouve surtout dans le plexus solaire ou le grand sympathique ; 3º le centre de la vitalité corporelle. Or, dans ce dernier centre, il y a un vaste ensemble d'organes que la kabbale appelle *fondamentum*, la neuvième des séphiroths, ce qui désigne le principe générant, ou la loi de la transmission de la vie hominale.

Mais ici il est nécessaire de s'élever jusqu'à l'intelligence du plan du créateur, lorsque la sagesse éternelle ordonna que la vie de la nature humaine serait sous l'ordre imprescriptible des générations successives dans la série des siècles.

S'il y a en chacun de nous, qui vivons sur la terre, trois centres de vie, la loi de l'unité exigeait que Dieu constituât un moyen de relier

en un l'action ou opération des fonctions indé-
pendantes de ces trois centres. Le cœur fut donc
ce moyen d'unité.

Toute communication d'En-Haut, condition
essentielle de notre ascension, doit aboutir au
cœur ; C'est ainsi que, dans la communion eucharistique, le Christ glorieux va de la bouche au
cœur, *de ore transit ad cor*, dit la science sacrée.

Du cœur, la vertu d'En-Haut agit sur les organes du sentiment et l'esprit subit la puissance
qui l'élève à une perfection plus haute. Alors
le cœur, ravi de l'harmonie qui est dans l'intime
de son être, dicte ses lois et domine les lois de la
chair et du sang.

Cette transmission possible de la vie en gloire
avait, d'après Boullan, été promise solennelle-
ment par les prophètes, et pour preuve, il aimait
à citer ce texte d'Isaïe, traduit, disait-il, selon la
kabbale : « Je donnerai à ceux qui ne tendent qu'à
m'être agréable et qui sont fermes dans mon alliance, je leur donnerai, dis-je, dans le centre de la
vie et dans la loi de mes ferments, un ministère
et une génération qui leur sera supérieure à la joie
d'avoir donné à la terre des fils et des filles, car
cette génération ne périra jamais ». (Ch. LVI, V.
4-5).

La conséquence de cette transformation dans
la loi de la génération sera que les hommes élevés
au-dessus des lois de la chair et du sang. ne seront plus soumis aux vices et aux passions.

Il doit exister, disait Boullan, des antidotes

pour la guérison des maladies de toute nature, car Dieu n'a pas créé les maux, et la santé est l'état normal de notre vie sur la terre, De même, nul homme ne peut être assez insensé pour admettre que Dieu est l'auteur des vices et des passions qui sont en nous : c'est là un fruit malsain de notre liberté et de notre libre arbitre. Dieu a créé le principe générant, parce qu'il a prescrit la transmission de la vie par la loi des générations successives. La conclusion logique de cette vérité, c'est que les vices et les passions sont choses qui doivent être guérissables comme les maladies.

Le remède antidote des vices et des passions, l'abbé Boullan prétendait l'avoir trouvé. Ce remède était intimement lié à la loi de la régénération.

Pénétrons plus avant dans la doctrine ésotérique de l'abbé Boullan. Dans un cahier autographié concernant les *sept Mystères*, il s'exprime ainsi : « Adam, de son corps glorieux, s'est fait un corps de pénitence, par sa faute avec Eve. Et nous, par Jésus-Christ, l'Adam nouveau, nous pouvons sur cette terre, nous former un corps édénal que nous appellerons le *corps spirituel glorieux*, ou notre corps d'immortalité qui est la *robe nuptiale* dont parle l'Evangile.

« *Nous pouvons régénérer aussi, sur cette terre, les corps spirituels glorieux de ceux qui sont morts sans posséder cette robe nuptiale...* Il faut comprendre en effet, comment et par quelle voie nous pourvons aider nos frères à se rendre dignes d'être régénérés dans leur corps spirituel glorieux, et surtout comment et par quelle voie on peut leur ouvrir la voie des ascensions. S'il s'agit des vivants, comment et par quelle voie nous pouvons les aider à quitter la voie du péché pour faire mourir en eux le vieil homme. S'il est question des esprits qui ne sont pas encore entrés dans les lois de leur humanisation, comment nous pouvons les préparer... Il faut qu'il nous soit possible de pénétrer dans les mondes de la répression, et d'arracher au Prince des ténèbres les victimes qui sont soumises au châtiment du péché... De même, il nous faut pouvoir ouvrir la voie des ascensions... et ce que nous faisons pour ceux qui sont au delà de la tombe, il faut le tenter aussi pour ceux qui vivent sur la terre... » (1).

Tout cela est possible en vertu de la loi des Unions qui peut se définir ainsi : « *La chute édénale s'étant effectuée par un acte d'amour coupable, c'est par des actes d'amour religieusement accomplis que peut et doit s'opérer la Rédemption de l'Humanité* ».

Nous touchons ici au point capital de la doctrine secrète de l'abbé Boullan. L'union des sexes, disait-il, a pour éternel symbole l'arbre même de la science du Bien et du Mal. C'est à la fois la clef des ascensions et celle de la déchéance. « L'intention droite ou perverse divinise

(1) *Déclaration concernant les Sept Mystères dont la clef a été apportée par J.-B. Elie Gabriel, au Saint-Carmel,* in-8, 12 pages. Février 1881.

l'union des sexes ou la marque d'un stigmate infernal ; les conséquences de cet acte sont, suivant les cas, la vie ou la mort. Anormale ou contraire aux lois de la sainteté, l'union d'amour constitue un crime infâme et dégradant, normale ou conforme à ces lois, elle est pour l'homme l'unique voie de réintégration aux droits primordiaux de sa nature : *c'est le Sacrement des Sacrements* » (1).

Ainsi le rapprochement sexuel peut s'effectuer en deux modes spéciaux : *en mode infernal*, ou bien en *mode céleste*. On peut s'unir d'amour sur tous les plans, avec les êtres de toute hiérarchie : 1° avec les esprits supérieurs et les saints, pour « se célestifier », acquérir soi-même des vertus et ascendre individuellement ; 2° avec les esprits inférieurs, élémentaires, animaux, dans le but de « célestifier » ces pauvres natures déchues, en les faisant participantes des vertus acquises, et enfin de leur faire gravir, degré par degré l'échelle ascendante de la vie.

C'est là ce que l'abbé Boullan appelait le *droit de procréation* qu'il ne faut pas confondre, disait-il, avec le droit de la génération, car « il est absolument distinct, et la procréation est différente et indépendante surtout du droit et du pouvoir de génération ». Alors que la génération est soumise aux lois de la nature, le **droit de procréation** s'exerce tous les jours ; il **est** conforme aux lois et aux règles divines et il est licite

(1) St. de Guaita. *Le Temple de Satan*, p. 452.

aux *initiés*, qui le considèrent comme un privilège sacré. Tous les règnes de la nature sont ouverts au néophyte dont le rôle est désormais de faire monter à tous les êtres en voie d'évolution, l'échelle progressive de la vie universelle.

Lorsque l'union d'amour a lieu avec des êtres supérieurs, des esprits des hiérarchies lumineuses, des anges, des saints, dans le but d'ascendre soi-même, elle est appelée : *union de sagesse.*

Lorsqu'au contraire, elle a lieu avec des êtres de nature inférieure, des esprits élémentaires, des humanimaux n'ayant pas encore atteint le stade humain, dans le but de les faire ascendre avec soi, elle est appelée : *union de charité.*

Enfin, il est possible d'établir parmi les êtres qui vivent sur cette terre des *relations de vie*, qui produisent, par la combinaison de deux fluides, un *ferment de vie* qui électrise les êtres, les fait ascendre et les unit en un *duo de vie* dans les mondes spirituels et célestes.

Depuis la perte de l'androgynat, la nature humaine ayant été divisée en deux sexes, le *droit de procréation* ne peut s'exercer qu'à l'image du *pouvoir de génération*, mais dans un état de pureté que, seule, l'Initiation permet d'atteindre. Lorsque deux êtres sont arrivés à cet état, ils ne sont plus soumis aux lois établies par la société concernant le mariage, pas plus qu'à certaines lois de la nature auxquelles est soumise la génération. Le pouvoir de procréation est conforme aux lois et aux règles *divines* ; il est l'essence de la Royauté de la nature humaine, mais il ne peut légitimement être exercé que par ceux-là seuls que l'Initiation a élevé à cette Royauté. Exercer ce droit est l'acte le plus moral qu'il soit possible à ceux qui se trouvent, par l'Initiation, « dans la Sainte Liberté des Enfants de Dieu ».

Telle était la doctrine secrète de l'abbé Boullan, telle était la base dogmatique de sa religion (1). Cette doctrine, d'après Stanislas de Guaita, devait conduire : « 1° à la promiscuité sans limite, à l'ubiquité de l'impudeur ; 2° à l'inceste, à la bestialité ; 3° à l'incubisme enfin... érigés en actes inhérents au culte, en actes méritoires et sacramentaux (2) ».

(1) La doctrine de l'abbé Boullan est exposée, en plus des ouvrages et manuscrits cités, dans les suivants :
Les sept lettres du 9 septembre, in-8, 20 pages lithographiées, août 1878, lithog. Gallet, Lyon. — *Explication des neuf lettres données par l'Archange saint-Michel* : manuscrit in-8, 34 pages, s. d. — *Explication du Tétragrammaton* : manuscrit in-4, 53 pages. 1886. — *L'image des sept transformations* : manuscrit in-4, 48 pages, s. d. *L'hostie du sanctuaire de la redoute de la sagesse* : manuscrit in-8, 8 pages, s. d. — *A quels signes nous pouvons reconnaître si nous sommes transformés* : manuscrit in-8, 6 pages, s. d.
(2) St. de Guaita, *Temple de Satan*, p. 454.

CHAPITRE IV

L'abbé Boullan et les occultistes

L'abbé Boullan avait jusqu'alors borné son activité aux cercles vintrasiens, s'efforçant de se faire accepter comme successeur d'Eugène Vintras, et à quelques visites au comte de Chambord, qu'il assurait être le futur Grand Monarque, Henri V, roi de France, annoncé dans les prophéties.

A plusieurs reprises il s'était même rendu à Frohsdorf, auprès du comte de Chambord, pour essayer de le convaincre de la mission dont il se disait chargé, en lui donnant comme preuve de cette mission le miracle qu'il devait opérer en ressuscitant Mlle Joséphine Lancier.

Or, non seulement Mlle Lancier n'était pas morte, et n'avait pas l'envie de mourir, mais le comte de Chambord, par contre, était décédé en 1883, ruinant ainsi les espoirs de l'abbé Boullan !

Vers la fin de l'année 1885, il déclara que sa vie cachée était close. Sa vie publique allait commencer ; il était prêt à se produire au monde et à révéler sa mission prophétique.

A cet effet, il crut devoir entrer en relation avec les occultistes, et notamment avec celui qu'il considérait comme leur chef : le marquis de Saint-Yves d'Alveydre. Ce fut l'abbé Roca, disciple de Saint-Yves et ami de Boullan, qui servit d'intermédiaire et de présentateur. Mais Saint-Yves, renseigné sans doute sur Boullan, refusa net — malgré l'insistance de l'abbé Roca — de le recevoir.

Ainsi rebuté, l'abbé Boullan s'avisa d'un stratagème. Sachant que la femme de Saint-Yves souffrait depuis longtemps d'un mal chronique, il lui écrivit directement pour lui demander audience, l'assurant qu'il la guérirait.

Mme de Saint-Yves, dans l'espoir d'un soulagement, céda, et lui fit répondre qu'il était attendu, en lui fixant le jour et l'heure.

Comme il avait déclaré vouloir opérer par la prière la guérison de la malade, il fut autorisé à prier à son chevet, à commander aux *esprits de lumière* de la guérir. Il lui remit également un médaillon dans lequel était enfermée une hostie consacrée.

Mais ce fut en vain ; il ne réussit pas à guérir la malade ; et Saint-Yves, lorsqu'il apprit le résultat de cette visite, fut fort mécontent et résolut de ne plus tolérer la présence de Boullan au chevet de sa femme malade.

C'est vers cette époque que l'abbé entra en relations avec René Caillié, ingénieur à Avignon, et Stanislas de Guaita, jeune occultiste, fondateur de l'*Ordre Kabbalistique* de la *Rose-Croix*.

Une correspondance s'établit entre de Guaita et Boullan. Celui-ci se donnait comme un initié des plus hauts grades de la Science kabbalistique et de la Tradition orthodoxe.

Ils furent d'abord très liés. Mais les théories que Boullan lui exposait au cours de sa correspondance lui parurent, après un certain temps, assez singulières. Néanmoins tant que les relations se bornèrent à des échanges de lettres tout alla bien. Au mois de novembre 1886, Stanislas de Guaita profit. d'un voyage à Lyon pour faire plus ample connaissance avec Boullan. Ils eurent de nombreuses entrevues. De Guaita qui avait tout d'abord été enchanté vit peu à peu ses illusions tomber et de graves soupçons naître dans son esprit à la suite de révélations qui lui furent faites par M. Misme, sans concevoir la gravité de ses paroles. Enfin, deux adeptes prudemment questionnés finirent par trahir quelques-uns des arcanes secrets de la secte.

Bref en quittant Lyon, Stanislas de Guaita, dit-il, était déjà fort édifié sur le caractère et l'œuvre étranges de Boullan.

Au début de 1887, il fit la connaissance d'un jeune occultiste, M. Oswald Wirth, qui lui communiqua une volumineuse correspondance de Boullan, qui levait les derniers doutes sur les mystères de son pseudo-Carmel.

Oswald Wirth avait fait la connaissance de Boullan en août 1885, par l'intermédiaire d'une amie de Châlons-sur-Marne, qui était une de ses ferventes adeptes Mlle Maria M..., excellente somnambule.

Mis en défiance par une demi-confidence de cette demoiselle, et par des phrases équivoques de la correspondance de Boullan, Oswald Wirth se donna la double mission de désabuser Mlle M... et de démasquer Boullan.

Il joua auprès de ce dernier le rôle de disciple fidèle, sans rien laisser paraître de ses véritables sentiments pendant quinze mois, au cours desquels il échangea de nombreuses lettres avec lui.

Après lui avoir révélé la doctrine de l'ascension rédemptrice des êtres, s'opérant par des actes d'amour religieusement accomplis, et lui avoir réclamé une discrétion à toute épreuve, Boullan proposa à Oswald Wirth de le faire « passer de la théorie doctrinale à la mise en œuvre... ». Il n'y a pas d'obstacle, lui écrivait-il : « Si vous le voulez dites oui, et je me charge de vous y faire préparer et disposer ».

A cet effet, il écrivait, le 7 septembre 1886 à Mlle Maria M... qui habitait la même ville que M. Wirth : «...Il est facile de connaître la ligne à suivre concernant le *prétendant à l'appel* (M. Wirth). S'il accepte la foi éliaque, s'il regarde la doctrine du Carmel comme vraie et divine, *il entre dans les droits des apprentis, qui sont ceux des élus.*

« Il est bon de procéder avec prudence, réserve et sagesse, et de ne pas nous exposer à être mal jugés...

« A vous dire vrai, il me paraîtrait bon qu'il connût la vérité par vous, *et même la pratique,* mais vous savez à quelles conditions (1)... ».

Mlle Maria M... n'entra pas dans cette manière de voir, et malgré les insistances de Boullan, elle se refusa toujours, au grand désespoir de celui-ci, au régime des *unions de vie.*

M. Wirth qui était bien résolu à pénétrer les plus secrets arcanes, sans cependant passer de la théorie à la pratique, décida alors de frapper un « grand coup ». Vers la fin de novembre 1886, il écrivit à Boullan qu'il venait d'avoir comme une révélation de cette initiation suprême dont il désirait ardemment recevoir l'investiture. Il espérait qu'il n'était pas le jouet d'une illusion ou des manœuvres de mauvais esprits : « Suivant les intuitions qui me viennent, l'Initié ne peut entrer dans la plénitude de sa puissance théurgique que par son union avec une personne du sexe opposé au sien... Mais cette union n'est pas le mariage ordinaire, dont le but est la génération. Ici il ne s'agit que de l'acte religieux par excellence..., mais il faut une préparation préalable bien autrement sérieuse que pour la communion ordinaire, car c'est là le *Sacrement des Sacrements celui qui donne toute la vie ou toute la mort.* Cet acte est de plus essentiellement libre, c'est-à-dire

(1) St. de Guaita. *Le Temple de Satan*, p. 464.

absolument indépendant des convenances physiques requises *en vue* de la génération... Les affections ne sont pas individualisées, mais deviennent collectives ; l'ensemble des initiés ne forme plus qu'un seul homme et qu'une seule femme, et ils sont constitués en cela à l'image de Dieu...».

La question était, on le voit, hardiment posée et la réponse devait être décisive.

Elle ne se fit pas attendre ; par courrier, Boullan répondit : « Vous avez bien compris les lois divines où le Ciel vous conviait et où il vous dirige. Vous avez bien vu la condition du droit suprême de procréation... Votre conception à cet égard et l'exposé que vous en faites dans votre lettre est d'une parfaite exactitude. Vous serez le premier disciple de la vie dans l'ordre masculin ; vous serez le premier dans cette élection, qui est l'attente de tous les êtres de la création...».

Dans une autre lettre, du 2 décembre 1886, Boullan précise : «... Le premier entre les élus, vous allez commencer la chaîne qui va élever en haut l'échelle de la vie... Vous allez devancer tous les autres et le premier vous entrerez dans la vraie et éternelle royauté de la nature humaine... Nul autour de moi n'est aussi avancé que vous : je veux parler dans l'ordre masculin. Dans l'ordre féminin, j'en ai déjà, ainsi que le dit votre lettre.

Venez mettre fin à votre initiation par les actes vivifiants de cette science sacrée, en venant au milieu de nous. *Vous êtes attendu avec joie, car votre élection est connue ici de celles qui ont été choisies par le ciel pour entrer dans ces voies virginales...».*

En effet, quelques jours après M. Wirth recevait une lettre signée de trois jeunes filles initiées au pseudo-Carmel, contresignée de leur mère, et approuvée par Boullan : « *Combien nous désirons vous voir au milieu de nous,* lui disaient-elles. *Nous avons si souvent prié au Saint-Autel, afin qu'il nous soit accordé de voir un Elu tel que le ciel le veut et que vous allez l'être !... Si vous venez, vous pourrez constater notre bon vouloir, afin que de la voie de la science, il vous soit permis d'arriver à celle de l'expérience...».*

Mais Oswald Wirth, qui était maintenant suffisamment instruit des doctrines et pratiques secrètes de Boullan, ne voulut pas arriver à la voie de l'expérience ; il se contenta de celle de la science ; et il prévint Boullan qu'il s'était moqué de lui.

Celui-ci crut alors pouvoir revenir sur ses pas, nier tout son enseignement antérieur ; il protesta qu'il n'avait pas été compris, et écrivit à O. Wirth : «... Le 7 décembre, je résolus de vous soumettre au critérium de la Lumière d'En-Haut... *Je fis appel à votre esprit ; il vint hésitant et tout ténébreux.* L'épreuve montra ce que vous étiez : *Vous étiez connu non comme un initié, mais comme celui qui ne comprend pas ce que nous avons en vue..».*

*
* *

Muni de la correspondance volumineuse d'Oswald Wirth, des lettres de Boullan à René Caillié, à F. Ch. Barlet, des brochures qu'il avait rapportées de Lyon, Stanislas de Guaita constitua un tribunal d'honneur au sein de l'Ordre Kabbalistique de la Rose-Croix et fit une enquête qui dura deux mois.

Au mois de mai, Oswald Wirth alla à Châlons recevoir la déposition de Mlle Maria M..., qu'il avait réussi par désabuser. Elle lui révéla tout.

Les occultistes, membres du tribunal d'honneur de la Rose-Croix, examinèrent les pièces, et le 23 mai 1887 condamnèrent à l'unanimité l'abbé Boullan comme sorcier et fauteur d'une secte immonde.

Oswald Wirth lui signifia sa condamnation par lettre, le lendemain. Elle consistait à lui infliger le baptême de la lumière, c'est-à-dire à vouer au mépris public sa doctrine abominable.

Avant de mettre en lumière les œuvres de Boullan, il fut décidé de lui laisser le temps de la réflexion et du repentir. La condamnation resta suspendue sur sa tête pendant près de quatre ans, mais Boullan ayant continué à faire des prosélytes, elle fut exécutée publiquement en 1891 par Stanislas de Guaita, qui publia dans *Le Temple de Satan* une partie de la correspondance de Boullan, avec Oswald Wirth, et dévoila ses œuvres ténébreuses, tout en le désignant non sous son vrai nom, mais sous celui de docteur Baptiste, et sans nommer la ville où il habitait.

J'ai exposé les accusations d'immoralité, de sadisme et d'incubisme portées par les Rose-Croix contre Boullan. L'accusé cria à la calomnie et il trouva, dans les rangs des occultistes mêmes, d'ardents défenseurs.

Jules Bois vint à Lyon ; après enquête, il déclara que Boullan avait été calomnié et que la théorie des *unions de vie*, que les Rose-Croix avaient interprétée à tort dans un sens profane et obscène, ne désignait que ces mariages mystiques dont parlent sans cesse sainte Thérèse, Marie d'Agreda et d'autres mystiques chrétiens.

Mme Lucie Grange, directrice de *La Lumière*, qui connaissait Boullan depuis plusieurs années, s'efforça de le justifier en disant que sa mission délicate dans laquelle on avait voulu voir les plus mauvais dessous avait été incomprise.

« ... Une doctrine peut bien ne pas plaire à tout le monde ; mais en trouver une qui marque d'un signe infamant le front de son apôtre ! surtout quand elle prêche Dieu et Jésus-Christ ! Cela nous paraît empreint d'un formidable parti pris...».

«Les occultistes se retranchent toujours derrière leurs voiles impénétrables quand une question hardie sur leurs mystères leur est posée ; mais ils ne permettent pas à cet homme de Dieu qui se croit missionné pour une doctrine de vie nouvelle de parler des vérités incompréhensibles pour la majorité humaine. Toute religion a eu sa partie ésotérique, inaccessible aux profanes... Nous avons pensé que M. Boullan était, à tort, mal jugé, faute aussi d'avoir pu se faire comprendre, vu la délicatesse du sujet ; mais il ne nous serait pas venu à l'idée d'en soupçonner l'auteur d'infamie...» (1).

Enfin, dans son livre *Le Prophète de Tilly*, elle déclara, en parlant de Boullan et de sa doctrine : ne rien « croire de ce que les langues vipérines de ses ennemis ont dévoilé, n'ayant vu et entendu que du bien spirituel en tout ceci ».

Boullan lui-même protesta dans un lettre adressée à Mme Lucie Grange, et que celle-ci publia dans *La Lumière* (2) (numéro d'août 1891). Parlant des « souillures odieuses d'un livre qu'il n'est pas convenable de nommer par son titre », il disait : « Tous ceux qui ont la délicatesse de l'honneur et une conscience qui aime le vrai, n'hésiteront pas à faire bonne justice de ces pages, que la rage et la fureur d'une haine infernale ont pu seules inspirer. « ... Nous avons connu et traversé les plus grandes épreuves que Dieu impose à ceux qui servent l'ordre de ses décrets, mais ces injures et ces souillures dignes de l'enfer sont à nos yeux la couronne de notre vie ; elles doivent être pour nous le sacre de la puissance que Dieu donne à ceux qui sont obéissants jusqu'au martyre...

« Dans les conditions où ces attaques, qui ne devraient être, selon les lois de l'honneur et selon le droit même naturel, qu'une discussion — me placent, je n'ai qu'à protester en foulant sous les

(1) *La Lumière*, mai 1891.
(2) *Lettre au sujet d'un mauvais livre.*

pieds un outrage qu'on a cru être pour moi un sépulcre.

« Ces faux savants, qui ignorent si bien les lois de l'ordre divin, ont donc mis en oubli que les vivants en Dieu brisent les sceaux des œuvres des méchants, et qu'ils voient le triomphe de leur doctrine, quand les adversaires humiliés sont à terre, couverts de confusion comme les morts.

« Dieu, dans les Livres Saints, dit : « A moi la vengeance, et je la rendrai. Je mettrai leurs œuvres du mal sur leurs têtes ». J'obéis à ce précepte divin, selon mon devoir.

« Que ceux qui ont les yeux de l'intelligence, sachent voir qui va être frappé par l'archange invincible, le glorieux Michel, servant l'ordre providentiel du jugement de Dieu. Son glaive de Puissance ne peut atteindre que les coupables, dont les crimes ont atteint la mesure fixée par l'éternelle Justice... ».

Enfin, le numéro de septembre 1891 de *La Lumière* contenait une « Protestation » en faveur de Boullan, signée : Pascal M... et Julie T... (1) :

« ... Nous avons l'intention de rendre un témoignage aux doctrines de vie et de vérité, à titre d'adhérents à cette foi qui est, selon notre conviction invincible, l'Arche du Salut des espérances de notre humanité... Nous avons la foi que dans l'ère des temps où le règne du Saint-Esprit va

______

(1) M. Misme et Mme Thibault.

donner ses fruits, il doit y avoir une transformation dans la loi de la génération, et, dès lors, une voie de guérison pour les vices et les passions.

« Qu'il nous soit permis de résumer ce que nous croyons, par une citation où le ministère d'Elie parle au ministère d'Henoch : « Ecoute sans pâlir, dit le texte, je suis fils des mystères. J'ai pu séduire la mort et même épouvanter l'amour ; la vieille création rugissait agonisante, et une création nouvelle chantait dans nos cantiques, priait dans notre amour : une génération d'épouses virginales et d'époux toujours vierges allaient prendre leur sève dans ce vaste tombeau où se coucha la vie pour épouser la mort et lui faire produire tout un peuple de Dieu ».

« Voilà la doctrine qui est l'objet de notre foi ! Quiconque aura une conscience droite, verra là le grand problème qui renferme toutes les espérances des cieux nouveaux et de la nouvelle terre, qui sont l'attente de tant d'élus à l'heure où nous sommes.

« Il y a loin de cette doctrine aux outrages d'un livre où la haine satanique se montre à découvert... « L'auteur du livre que le public couvrira de tout son mépris parle du « Kiroub, dont le glaive de flamme menace de cécité ». Et sur qui donc est tombé ce glaive ? A coup sûr, les échos de la publicité ne peuvent tarder à le dire à tous, et chacun verra là les coupables devant la justice éternelle. De notre côté, nul n'a été frappé par le Kiroub dont nous parlent les livres saints. Que cette protestation serve à ceux qui aiment la justice et la vérité ».

Entre temps, Boullan avait trouvé un nouveau défenseur en la personne du célèbre romancier J.-K. Huysmans.

CHAPITRE V

Huysmans et l'abbé Boullan

Huysmans, romancier naturaliste, s'étant lassé de Zola et de son école, avait écrit *A Rebours* et, insensiblement, s'était tourné vers le surnaturel et l'inconnu. Il avait fréquenté les groupes occultistes, spirites, fait tourner les tables et évoqués des fantômes.

De toutes ces expériences il gardait l'impression d'une intelligence étrangère, d'une volonté externe se manifestant aux évocateurs ; mieux, il acquit la conviction qu'il y avait, malgré la divergence des pratiques, des points communs entre la sorcellerie du moyen âge et les évocations du spiritisme moderne. Le satanisme n'était point mort, et il y avait là, pour le romancier, un nouveau domaine à explorer.

C'est au cours de ses recherches sur la Magie et le Satanisme modernes, pour la documentation de son roman *Là-Bas*, que Huysmans entendit parler, dans les milieux occultistes, d'un étrange prêtre habitant Lyon, l'abbé Boullan, qui accomplissait de fort extraordinaires cures de maléfices.

Il apprit aussi que ce prêtre était depuis plusieurs années en lutte avec des occultistes parisiens, et notamment Stanislas de Guaita, qu'il accusait de vouloir le tuer par des moyens occultes et magiques tels que l'envoûtement.

C'est à l'abbé Boullan que Huysmans s'adressa pour achever d'être documenté à fond sur le Satanisme moderne.

Il lui écrivit donc pour lui demander des renseignements. Après avoir déclaré qu'il était las des théories de son ami Zola, dont le positivisme absolu le dégoûtait, las des systèmes de Charcot qui avait voulu lui démontrer que la démonialité n'était qu'une rengaine, plus las encore des spirites, dont les phénomènes, bien que réels, étaient par trop identiques ; Huysmans disait qu'il voulait montrer à Zola, à Charcot et aux autres, que rien n'était expliqué des mystères qui nous entourent. Il voulait surtout des preuves du satanisme, afin de pouvoir affirmer que le diable existait, qu'il régnait, que sa puissance du moyen âge n'était pas éteinte, puisqu'il était aujourd'hui le maître absolu « l'Omniarque ».

La réponse de Boullan ne se fit point attendre.

Par retour du courrier, il lui répondit que l'aide qu'il sollicitait lui était assurée :

« ...Quant à votre but, que le Satanisme, qu'on croit perdu, existe toujours, ah ! nul sur cette question ne peut mieux vous mettre en mesure de parler avec conviction, appuyée sur des faits certains... Je vous citerai des faits qui, à coup sûr, rendront votre ouvrage d'un intérêt immense. Je puis mettre à votre disposition des documents pour établir que le Satanisme est vivant de nos jours, et comment et sous quelle forme... Votre œuvre restera ainsi comme un monument de l'histoire du XIXe siècle.

« Maintenant, un mot d'avertissement pour vous. Certes, je n'ai aucune espèce d'estime pour cette école (les occultistes) ; mais ils sont pleins de haine et, malgré tout, capables de petits résultats.

« Etes-vous armé pour la défense : car si vous le faites, comme dit votre lettre, à coup sûr vous allez susciter contre vous leur fureur. S'ils vous contaient tout ce qu'ils ont tenté contre moi, vous sauriez alors ce qu'ils sont. Il y a eu des témoins de leur impuissance dans le mal.

« N'ayant pu me nuire dans mon être, ils m'ont alors calomnié d'une façon indigne, simplement parce qu'ils se croyaient des rois, des mages et des maîtres, et que je leur ai montré qu'ils n'étaient que de très mauvais apprentis. De là des haines dont vous avez pu voir quelques échantillons.

« Au sein du clergé, le Satanisme est plus grand qu'il ne vous est possible de le soupçonner. Je vous mettrai à même d'en être convaincu. Car j'affirme que le Satanisme contemporain est plus savant, plus cultivé qu'au moyen âge ; il se pratique à Rome et surtout à Paris, Lyon, Châlons, pour la France, et à Bruges, pour la Belgique... ».

La correspondance entre Huysmans et l'abbé

Boullan est volumineuse. Elle dura jusqu'à la mort de ce dernier.

Là-Bas parut au commencement de l'année 1891, en feuilleton, dans l'*Echo de Paris* d'abord, en volume ensuite.

Dans ce roman, qui comprend deux parties, il y a l'histoire de Gilles de Rais, se rapportant à la sorcellerie du moyen âge ; il y a ensuite une série de faits se rapportant au Satanisme moderne.

Huysmans étudiait avec complaisance ce Gilles de Rais, qui, vivant au XVe siècle, brave guerrier et grand seigneur, compagnon de Jeanne d'Arc et Maréchal de France, s'adonna sur le tard à l'Alchimie et à la Magie, puis, lancé dans la voie du Satanisme, « descendit la spirale du péché jusqu'à sa dernière marche, fut un vampire sans égal, dont la férocité dépassa les limites humaines et devint l'épouvante de toute une région ».

Quant au Satanisme moderne, il affirmait qu'il était florissant : les spirites, les occultistes satanisent plus ou moins, parfois sans le savoir, disait-il ; mieux, il affirmait que l'envoutement du moyen âge était pratiqué couramment aujourd'hui, et que la Messe de Satan, la Messe Noire, se disait encore de nos jours. Un Chanoine, Docre, la célébrait ; et Huysmans qui y avait, disait-il, assisté, en faisait une truculente description. Enfin, l'abbé Boullan était présenté, sous le nom de docteur Johannès, comme étant à peu près seul à réussir les cures contre les maléfices des occultistes de la Rose-Croix.

Huysmans exposait les moyens qu'employait Boullan pour combattre les envoûtements et en neutraliser les effets : *la loi du choc en retour*, par laquelle on renvoie le coup à celui qui l'a porté ; les *contresignes* qui consistent, lorsqu'on sait le jour, l'heure de l'attaque, à la devancer, en fuyant de chez soi, ce qui dépayse ou annule le vénéfice ; ou à dire une demi-heure auparavant : « *frappez ! me voici* », ce qui a pour but d'éventer les fluides et de paralyser les pouvoirs de l'assaillant ; l'emploi des hosties consacrées ; enfin la célébration du *Sacrifice de gloire de Melchissédec*. Ce sacrifice avait la vertu d'antidote.

D'après Huysmans, Boullan était occupé à repousser presque chaque jour les assauts que lachaient contre lui les magiciens tonsurés de Rome, le chanoine Docre ou les Rose-Croix. Il était averti des chocs de ses adversaires par le vol et le cri de certains oiseaux ; les tiercelets et les éperviers mâles étaient ses sentinelles. Ces oiseaux sont facilement influencés par les fluides ; et, selon qu'ils volaient vers lui ou s'éloignaient, qu'ils se dirigeaient vers l'Orient ou l'Occident ; poussaient un seul ou plusieurs cris, Boullan voyait là autant d'avertissements dont il comprenait la signification. Il savait ainsi l'heure ou les attaques étaient lancées contre lui, et il se mettait en garde.

Boullan opérait des guérisons extraordinaires, rompant les cercles magiques et chassant les esprits du mal. Il ne s'occupait que des maladies issues des maléfices, et se déclarait inapte à réfréner les autres. Il s'aidait en cela des vertus des pierreries dont chacune, disait-il, correspondait à une espèce de maladie et à un genre de péché.

Huysmans, on le voit, présentait Boullan sous les traits les plus flatteurs, l'affirmant « missionné du ciel pour briser les manigances infectieuses du Satanisme » (1), tandis qu'il disait pis que pendre des occultistes de la Rose-Croix qu'il accusait des plus abominables pratiques de magie noire.

Dans le monde occultiste, on se montra surpris du portrait si flatté que Huysmans avait fait du Dr Johannès. On le connaissait sous des traits beaucoup plus défavorables. Quelques-uns allèrent même jusqu'à déclarer que Boullan était, dans la réalité, le chanoine Docre du roman. Huysmans crut devoir démentir ce bruit, et prit nettement partie pour Boullan contre les Rose-Croix.

Boullan accusait d'ailleurs ces derniers de le vouloir tuer par des moyens occultes tels que l'envoûtement.

Les occultistes de Paris, Guaita particulièrement, écrivait-il à Huysmans, *sont venus ici m'arracher les secrets de la puissance. Guaita même, s'age-nouilla devant M*me *Thibault et la conjura de lui donner sa bénédiction : « Je ne suis qu'un enfant qui apprend », disait-il.*

Pendant plus de quinze jours, nous lui fûmes une famille. A peine était-il parti, emportant le

______

(1) Cf. *La-Bas*, page 395.

manuscrit du sacrifice de gloire, le livre magique par excellence, qu'une nuit je me réveillai frappé au cœur. Mme Thibault, chez qui je courus, me dit : « C'est Guaita ». Je m'affaissai en criant : « Je suis mort ». — Après quelque secours, je pus me redresser et me fit porter à l'autel, qui est toute ma force ; je dis le sacrifice de gloire qui rompt la complicité des méchants ; je pris les saintes espèces, et, ranimé, je me couchai et dormis. Guaita lui-même, pratiquant la reconnaissance à rebours, me fit savoir qu'il avait voulu exercer contre moi la puissance que je lui avais octroyée...».

Il eut une fois la jambe traversée jusqu'à l'os par des effluves fluidiques. Une autre fois, l'autel manqua être renversé : il était devenu le point de contact, le lieu d'explosion des deux fluides antagonistes, celui de Boullan et celui des envoûteurs.

Huysmans racontait lui-même qu'après la publication de *Là-Bas*, il n'avait pas échappé aux attaques des occultistes de la Rose-Croix.

Plusieurs fois, disait-il, il aurait été en danger de mort sans l'intervention de Boullan. Il s'était rendu à Lyon, auprès de l'abbé, lequel, aidé de Mme Thibault, avait accompli le sacrifice de gloire qui l'avait libéré du maléfice.

En retour, il eut, à plusieurs reprises, l'occasion de rendre service à Boullan. Dans le milieu de l'année 1892, par exemple, l'abbé était poursuivi par le tribunal correctionnel de Trévoux, pour exercice illégal de la médecine, et condamné à une amende de 2.000 francs. Ce fut Huysmans qui donna les 2.000 francs.

Dans le courant de 1892, Jules Bois se rendit lui aussi à Lyon. Un mot de Huysmans le présenta. Il fut bien accueilli et vécut plusieurs jours dans l'intimité de Boullan. Celui-ci lui parla de ses rapports avec de Guaita, des « infâmes calomnies » que les Rose-Croix avaient répandu sur son compte. Écartant le rideau de l'alcôve, il montra à son visiteur l'autel en bois devant lequel brûlait une veilleuse. Pendant leur conversation, des cris aigus se firent entendre : c'était ceux des oiseaux, qui apportaient à Boullan les messages psychiques. Jules Bois fut charmé de l'hospitalité qu'il reçut à Lyon.

Au mois de novembre 1892, Boullan fit le voyage de Lyon à Paris. Afin de dépister ses adversaires ; il cacha son adresse et même son nom. Il descendit sous un nom d'emprunt à l'Hôtel des Missions catholiques, rue Chaumet. Sa retraite ne fut pas découverte. Un hasard permit cependant à M. Philippe Augier, du *Figaro*, de le rencontrer chez un ami commun. Cette rencontre fortuite fut cause qu'il connut, peut-être seul du grand public, le but du voyage de Boullan, qui n'était venu à Paris que pour préparer la publication de la traduction du *Zohar*. Lucie Grange aussi connaissait le but de ce voyage. Elle venait d'écrire dans sa revue un article intitulé : « Guerre à la Magie Noire ». Boullan répondit par une lettre que Mme Grange publia dans la *Lumière*. « ... Nous affirmons, disait-il, qu'il y a des magiciens de Magie noire, non seulement à Paris, mais dans toutes les capitales de l'Europe...

« ... Nous parlons de ce qui nous est connu par notre expérience personnelle. Depuis des années nous avons subi des attaques par la voie terrible des Messes Noires, par les envoûtements de toute sorte, surtout des poisons, et par les procédés le plus dangereux. Malgré tout, par la volonté de Dieu, qui seul est maître de la vie et de la mort, nous sommes debout ; et en dépit de cruelles souffrances endurées, nous voilà en bonne santé, après avoir traversé tant de périls de mort.

« Nous pouvons parler avec vérité des œuvres de magie noire, pour en avoir été l'objet, et nous connaissons ceux qui cultivent cette science, car ils ont tout tenté pour nous atteindre...

« La collectivité des magiciens de magie noire, c'est ce que nos Livres saints nomment l'Antechrist ; la Messe Noire, c'est l'abomination de la désolation dans le lieu saint, et les envoûtements sont le crime des crimes.

« Le ciel a mis en nos mains un moyen tout-puissant de défense et de protection. Mais nous ne le gardons pas pour nous, dans le secret du mystère, car tout ce qui est de Dieu ne craint pas la lumière. Nous le ferons connaître à quiconque voudra en faire usage, s'il le veut, avec un cœur pur et une conscience qui obéit à Dieu, à Jésus et à Marie.

« Ma tâche est remplie ! Dieu soit béni !

Dr Johannès ».

Ma tâche est remplie ! Parole prophétique s'il en fût ! En effet, Boullan écrivait cette lettre le 3 janvier, et le surlendemain il était mort !

CHAPITRE VI

Mort de Boullan. — Polémiques

C'est dans la nuit du 4 janvier 1893 qu'un mal mystérieux terrassa l'abbé Boullan. Il semble d'ailleurs qu'il ait eu de funestes pressentiments, à en juger par les craintes dont il fit part dans une lettre adressée à Huysmans et dont voici quelques fragments :

Lyon, 2 janvier 1893.

Bien cher Ami J.-K. Huysmans,

Nous avons reçu avec joie votre lettre, qui nous apportait vos vœux de cette nouvelle année. Elle s'ouvre sous de tristes pressentiments, cette année fatidique, dont les chiffres 8, 9, 3 forment un ensemble d'annonces terribles...

3 janvier. — Ma lettre en était là hier au soir, pour attendre l'arrivée de la chère Mme *Thibault ; mais cette nuit, un accident terrible a eu lieu. A trois heures du matin, je me suis éveillé suffoqué ; j'ai crié : « Madame Thibault, j'étouffe ! » deux fois. Elle a entendu, et en arrivant près de moi, j'étais sans connaissance. De 3 heures à 3 h. 1/2 j'ai été entre la vie et la mort.*

A Saint-Maximin, Mme Thibault avait rêvé de Guaita, et le matin, un oiseau de mort avait crié. Il annonçait cette attaque. M. Misme avait rêvé à cela. A 4 heures, j'ai pu reprendre mon sommeil, le danger avait disparu...

Dr J.-A. BOULLAN.

Le matin, il se leva comme d'habitude et se mit à écrire, aussitôt le jour venu, un article pour *La Lumière*, en réponse à celui de Mme Lucie Grange : *Guerre à la Magie Noire* (1). Il voulait le porter lui-même à la poste, mais Mme Thibault l'en empêcha, prétextant qu'il faisait trop froid pour sortir.

Le soir, pendant le sacrifice, il s'écria subitement. « Ah ! Mon Dieu ! Qu'est-ce que l'on me fait ? » Et il s'affaissa sur lui-même. Mme Thibault et M. Misme n'eurent que le temps de le soutenir et de le conduire sur son fauteuil où il put rester pendant la prière, que Mme Thibault abrégea pour pouvoir le faire coucher plus vite.

Voici son agonie, telle que Mme Thibault l'a racontée dans une lettre adressée à Huysmans :

« *... La poitrine est devenue plus oppressée, la respiration plus difficile ; au milieu de toutes ces luttes, il avait une maladie de foie et de cœur. Il*

(1) L'article intitulé *Ce qu'il y a dans votre Cri : Guerre à la Magie Noire*, parut dans *La Lumière* du 27 janvier 1893.

me disait : « *Je vais mourir. Adieu* ». *Je lui répondais* : « *Mais, non, Père, vous n'alles pas mourir ; et votre livre, que vous avez à faire ? Il faut bien que vous le fassiez ?* » *Il était content que je lui dise cela... il m'a demandé de l'*EAU DU SALUT. *Après avoir bu une gorgée, il nous disait* : « *C'est cela qui me sauve* ». *Je ne m'effrayais pas trop : nous l'avions vu tant de fois aux portes de la mort et se remettre quelques heures après ! Je croyais que ce ne serait que passager. Il nous a parlé jusqu'au moment de la dernière crise... Je lui dis* : « *Père, comment vous trouvez-vous ?* » *Il me jeta son dernier regard d'adieu. Il n'a plus pu nous parler. Il est entré en une agonie qui a duré à peine deux minutes. Il est mort en saint et en martyr ; toute sa vie n'a été qu'épreuves et souffrances, depuis seize ans et plus que je le connais. . . . .* ».

... J'appréhendais un triste dénouement avec toutes ces luttes qu'il avait soutenues pour lui et pour d'autres. Je suis étonnée qu'il soit venu jusqu'ici. Je crois qu'il avait rempli sa tâche. Sa mort m'avait été montrée depuis plus de six ans ; et, au moment où j'allais prendre le train à Saint-Maximin pour partir aux Saintes-Maries, un oiseau est venu me jeter plusieurs cris. Il n'était pas jour ; il était six heures du matin. J'ai dit tout haut devant quelques personnes : « *Ah ! mon Dieu ! une mort que cet oiseau m'annonce !* » *Et j'ai senti que c'était le pauvre Père. Je repoussais cette inspiration ; je ne m'attendais pas qu'elle allait arriver cinq jours après ma rentrée à Lyon. . . . .* ».

De son côté, M. Misme écrivait à Huysmans :

« *Pendant les quarante-huit heures qui se sont écoulées depuis sa mort jusqu'au moment de l'enterrement, ses traits n'ont pas changé. On aurait cru qu'il dormait avec calme, du sommeil de l'homme juste qui ne craint pas de paraître devant Dieu...*».

La déclaration de décès fut faite à la mairie du 1er arrondissement de Lyon, par MM. Pascal Misme, architecte, et Claude Orsat, épicier.

L'inhumation eut lieu au cimetière de la Croix-Rousse. Huysmans paya pour une concession de quinze ans, qui ne fut pas renouvelée.

La tombe était ornée d'un livre ouvert, en marbre, sur lequel était gravée l'inscription suivante :

A. J.-A. Boullan (Dr Johannès), noble victime.

4 *janvier* 1893.

Témoignage d'affectueuse vénération.

LE SÉNAIRE DE TURIN.

Tous ceux qui avaient des oreilles pour entendre l'aiment et le bénissent, mais les consciences ténébreuses ne purent tolérer sa lumière. Sa tâche ici-bas est accomplie, disait-il ; là-haut il l'achèvera, et les Elus le glorifient.

A la suite de cette inscription était gravé un cœur dans un triangle.

***

La mort de l'abbé Boullan fut l'occasion de vives polémiques dans la presse.

Dès le 7 janvier, l'*Eclair* lui consacrait son article d'*actualité*, sous ce titre significatif : *Mort d'un ecclésiastique officiant des messes noires*. Le rédacteur anonyme faisait de Boullan un envoyé de l'Antéchrist : « Une façon de sorcier vient de mourir », disait-il. Il reconnaissait qu'il n'était pas un sot, puisqu'il avait exercé une attraction indéniable sur les gens d'esprit et de goût. « Il n'est pas démontré qu'il eût l'extérieur du Satanisme. Il le fallait beaucoup pratiquer pour le connaître sous ce jour étrange. Ceux qui l'entouraient paraissaient l'accepter de bonne foi. C'était un déséquilibré qui put faire illusion à Huysmans, en ayant abusé bien d'autres ». Le rédacteur déclarait ne l'avoir pas connu personnellement, mais seulement à travers les enthousiasmes et les haines qu'il déchaîna et qui auraient besoin d'être tirés au clair. « Sa physionomie serait à fixer. Versé dans les sciences occultes, curieux des prodiges, d'un art satanique que les vieux grimoires lui révélaient, il put songer à introduire dans l'Eglise un esprit diablement suspect. Il tenait du chanoine Docre plus que Huysmans n'ose·l'avouer... ».

Ce jugement fut relevé par Mme Lucie Grange, qui jugea infâme un article qui traitait son ami d'Antéchrist. Elle adressa aussitôt à l'*Eclair* une protestation, que ce journal n'inséra pas. « Ses procès, disait-elle, n'ont eu d'infamant que ce que ses ennemis ont voulu y mettre. Vivant retiré du monde, chez M. Misme, il n'a pu mener la vie d'enfer dont on l'accuse. Il n'est pas mort en vaincu mais comme un soldat sur la brèche. Il a la récompense de son long martyre ».

Jules Bois prit la défense de Boullan d'une autre manière : en attaquant directement ses adversaires. Muni des renseignements qu'avait reçu Huysmans sur sa mort, il affirma très haut, dans le *Gil Blas* (9 janvier 1893) que l'abbé Boullan était mort victime d'un envoûtement, dont il accusait formellement Stanislas de Guaita et ses collègues de la Rose-Croix :

« Je crois de mon devoir de relater les faits : l'étrange pressentiment de Boullan, les visions prophétiques de Mme Thibault et de M. Misme : les attaques, paraît-il, indiscutables des Rose-Croix, Wirth, Péladan, de Guaita, contre cet homme qui est mort.

« On m'a assuré que M. le marquis de Guaita vit seul et sauvage ; qu'il manie les poisons avec une grande science et la plus merveilleuse sûreté ; qu'il les volatilise et les dirige dans l'espace...

« Ce que je demande, sans incriminer qui que ce soit, c'est qu'on éclaircisse les causes de cette mort. Le foie et le cœur par où Boullan fut frappé, voilà les points que les forces astrales pénètrent.

« Maintenant que des illustres savants tels que

MM. Charcot, Luys et particulièrement de Rochas reconnaissent la puissance des envoûtements, dussé-je-moi qui suis un adepte de la magie — braver les fureurs homicides, je veux de nettes explications ; je les veux comme doivent les vouloir MM. Péladan, de Guaita et Wirth, afin que leur conscience soit légère ».

Le lendemain, Huysmans confirmait les accusations de Jules Bois, par l'intermédiaire de M. Blanchon, du *Figaro*, auquel il disait au cours d'une interview : « il est indiscutable que de Guaita et Péladan pratiquent quotidiennement la magie noire. Ce pauvre Boullan était en lutte perpétuelle avec les esprits méchants qu'ils n'ont cessé, pendant deux ans, de lui envoyer de Paris. Rien n'est plus imprécis que ces questions de magie ; mais il est tout à fait possible que mon pauvre ami Boullan ait succombé à un envoûtement suprême ».

Le 11 janvier, Jules Bois revint à la charge dans le *Gil Blas* :

« Je tiens à affirmer, écrivait-il, que je ne suis pas l'ennemi de M. de Guaita, et je ne reçois pas non plus de mot d'ordre... mais devant les présomptions importantes qui m'ont été fournies, j'ai cru de mon devoir, et tout honnête homme l'aurait fait à ma place, d'affirmer que M. de Guaita avait maintes fois, depuis plusieurs années, menacé le Dr Boullan, qui vient de mourir, de cette mort si mystérieuse et si subite et qu'il y avait dans l'espr t de Boullan, la hantise, l'obsession, la douleur persécutrice de ces menaces.

« Je ne veux pas en dire plus, mais ce que je dis là, je le maintiens entièrement... ».

Stanislas de Guaita protesta par une note parue dans le *Figaro*, contre ces accusations d'envoûtement.

Jules Bois répliqua à nouveau dans le *Gil Blas* du 13 janvier, que cet envoûtement, le plus terrible parce que collectif — était dirigé depuis longtemps déjà contre l'abbé Boullan, « ce vieillard à qui les douleurs et les épreuves de sa vie avaient enlevé bien des forces... La haine inexorable que Guaita avait vouée au Dr Boullan, haine dont il avait créé le réseau serré et menaçant dans le cœur de tous ses amis, à lui Guaita, cette haine inexorable se resserrait de plus en plus, comme un étau de courroux contre cette victime solitaire... »

« De cette condamnation, il y a l'une de ces trois conclusions à tirer :

« 1º Ou M. de Guaita a plaisanté... il n'y avait pas de quoi et je dois dire que ce n'est point son habitude... ;

« 2º Ou M. de Guaita est insensé, condamnant quelqu'un en l'air, sans efficacité, sans qu'il y ait une sanction à ses paroles ;

« 3º Ou M. de Guaita a écrit, en toute connaissance de cause et d'effet, une sentence dont il savait la portée et dont il pouvait diriger les funestes applications. Condamnant Boullan, il était sûr, dans ce cas, de faire exécuter cette condamnation. Et alors, je laisse à mes lecteurs et à lui-même, Stanislas de Guaita, le soin de qualifier une aussi cruelle conduite... »

Cette fois, Guaita s'émut. Aux accusations de Jules Bois et de Huysmans, il répondit, dans le *Gil Blas* du 15 janvier :

« Voici plusieurs jours que la presse colporte sur mon compte certains ragots d'un ridicule plus infamant, en vérité, pour les malveillants ou les naïfs qui ont lancé ce canard que pour moi-même, aux trousses duquel il s'acharne.

« Nul n'ignore que je me livre aux pratiques de la plus odieuse sorcellerie ; que je suis à la tête d'un collège de Rose-Croix fervents de satanisme, et qui dévouent leurs loisirs à l'évocation du Noir Esprit, que ceux qui nous gênent tombent l'un après l'autre victimes de nos maléfices ; que moi, personnellement, j'ai féru à distance nombre de mes ennemis, qui sont morts envoûtés, en me désignant pour leur assassin... Ce n'est pas tout. Je manipule et dose les plus subtils poisons avec un art infernal, c'est convenu ; je les volatilise avec un bonheur particulier, en sorte d'en faire affluer, à des centaines de lieues d'éloignement, la vapeur toxique, vers les narines de ceux-là dont le visage me déplaît ; je joue les Gilles de Rois au seuil du vingtième siècle ; j'entretiens des *relations d'amitié et autres* avec le redoutable Docre, le chanoine chéri de M. Huysmans ; enfin, je tiens prisonnier en un placard un esprit familier qui en sort visible sur mon ordre !

« Est-ce assez ? — Point. Tous ces beaux renseignements ne sont qu'une préface. L'affaire où l'on en veut venir, c'est que l'ex-abbé Boullan — ce thaumaturge lyonnais dont la mort récente a fait quelque bruit — n'a succombé qu'à mes infâmes pratiques, à mes efforts combinés avec ceux de mes noirs confrères, les Frères de la Rose-Croix.

« On va même jusqu'à laisser entendre qu'il serait expédient de pratiquer l'autopsie du défroqué, de qui certaines lettres rendues publiques, avec l'assentiment de M. J.-K. Huysmans, leur destinataire, me dénoncent positivement comme le magicien provocateur de la crise cardiaque qui a ravi au monde des démoniaques son « Roi des Exorcistes ».

De Guaita, après avoir affirmé que Boullan souffrait depuis longtemps d'une double atteinte au cœur et au foie, et qu'à chaque nouvelle atteinte il criait à l'envoûtement nouveau, continuait en disant qu'il avait eu d'abord l'idée de s'en tenir au silence du plus parfait dédain ; mais, ces allégations menaçant de s'éterniser, sa patience avait des bornes, et puisqu'on lui demandait à grand cris des explications, il était décidé à en donner, mais sur le pré. C'était, disait-il, les meilleures, en pareil cas !

« M. Boullan est mort : paix à sa cendre !... J'ai dit d'ailleurs ce que j'ai cru devoir dire, tou-

chant nos relations et les événements qui se succédèrent... Cette parenthèse étant close, revenons
à ce qui me concerne personnellement.

« Les allégations produites dans les journaux,
ces jours derniers, seraient abominables, si elles
ne respiraient la plus intense bouffonnerie.

« Me défendre de pareils cancans, allons donc ?
Le bon sens public en a fait justice et je n'ai peur
que d'une chose, pour les auteurs de ces naïves
calomnies : c'est que, curieux d'épater les ba-
dauds et de divertir les sceptiques, ils n'aient fait
rire beaucoup plus à leurs dépens qu'aux miens...

« Je me disais : laissons tomber ces plaisanteries
d'un goût fâcheux, que personne ne rééditera. Je
me trompais. De toutes parts, en dépit même de
la diversion du Panama, des feuilles quotidiennes
reproduisent gravement ces pauvretés !... »

Mais à qui s'en prendre ?

A Huysmans d'abord, qui, dans son roman
Là-Bas et depuis la publication de ce livre, n'avait
cessé de se faire l'écho central de ces « invraisem-
blables calomnies ». Ensuite, à Jules Bois, qui,
par trois fois, l'avait pris à partie dans le *Gil Blas*.

Et il annonçait qu'il leur envoyait ses témoins.

Le duel avec Huysmans n'eut pas lieu ; tout
se borna à un échange de témoins, Huysmans
ayant déclaré « qu'il n'avait jamais songé à discu-
ter le caractère de parfait galant homme de M. de
Guaita ». (Procès-verbal du 14 janvier 1893).

Quant à Jules Bois, il riposta, toujours dans le
Gil Blas : « ... Quand il s'agit de se défendre de

ce soupçon de satanisme, M. de Guaita recule et tente une diversion. Il change de terrain ; il sort de la discussion ; il quitte la plume et prend l'épée, dont il se croit plus sûr.

« Eh bien, je puis lui répondre hautement que si je l'ai attaqué de face, si je soutiens qu'il a poursuivi d'une haine implacable ce vieillard qui maintenant n'est plus, je serai devant lui, Stanislas de Guaita, sur le pré, avec la même audace ».

Et il tint parole.

Les deux adversaires descendirent sur le pré, à la Tour de Villebon, où ils échangèrent deux balles, sans résultat.

****

Pendant quelque temps encore la presse s'occupa de cette mort mystérieuse : un certain nombre de journaux prenant partie pour Boullan, d'autres contre, quelques-uns enfin se contentant de poser un point d'interrogation.

Boullan, exorciste et magicien, fut-il réellement un sataniste ? Les occultistes de la Rose-Croix l'ont affirmé, et comme preuve à l'appui, on peut voir dans une brochure publiée par Papus, en 1893, et intitulée : *Peut-on envoûter*, une photogravure représentant un pacte d'envoûtement, au XIXe siècle, avec ces mots d'explication : *Reproduction photographique d'un document arraché à un sorcier contemporain : l'ex-abbé Boullan.*

Je sais, de plus, que J.-K. Huysmans, qui lui avait fait, ainsi qu'on l'a vu, une réputation de *saint*, put se convaincre, après la mort de Boullan, en prenant connaissance des papiers laissés par ce dernier, qu'il se livrait lui aussi, à sa manière, aux pratiques sataniques..

Plus tard, après sa conversion, Huysmans avouait, à ses intimes que Boullan avait été un sataniste qui avait très souvent mis sur le compte de ses ennemis les Rose-Croix ses propres pratiques démoniaques. Mais il en parlait le moins possible.

Peu à peu, le silence se fit sur l'énigmatique « docteur Johannès ». Le silence, mais non l'oubli ; car je sais à Lyon des personnes — bien peu nombreuses maintenant, il est vrai — qui conservent pieusement la mémoire de l'abbé Boullan, et, entre elles, ne prononcent encore qu'avec respect et vénération le nom de celui qu'elles continuent d'appeler « le Père ».

TABLE DES MATIÈRES

IMP. MODERNE - NICOLAS, RENAULT & Cⁱᵉ, POITIERS

www.ingramcontent.com/pod-product-compliance
Ingram Content Group UK Ltd.
Pitfield, Milton Keynes, MK11 3LW, UK
UKHW022050170726
13837UKWH00002B/869